新潮文庫

一勝九敗

柳井正著

新潮社版

7915

一勝九敗

はじめに

一九八四年（昭和五十九年）六月二日土曜日、朝六時。

広島市中区袋町で「ユニーク・クロージング・ウエアハウス」という名称のカジュアルウエア小売店をオープンした。梅雨空の合間で、朝から良く晴れていた。

「低価格のカジュアルウエアが週刊誌のように気軽に、セルフサービスで買える店」というのが店舗全体のコンセプト。キャッチフレーズは「衣・飾・自由」である。

テレビやラジオでの宣伝、商店街や学校近郊での開店チラシ配りが効を奏して、早朝にもかかわらず、開店前からお客様の行列ができた。時間を追うに従って行列は圧倒的な群集にふくれあがり、恐怖を感じるほどだった。店内に入っていただくのに整列と入場制限を何回もお願いすることになるほどの熱狂ぶりだった。この混雑は翌日の日曜日まで続いた。今までこんなに商売の手ごたえを感じたことはなかった。オープン前までの異常なほどの心配、「一人も来てくれなかったらどうしよう……」も杞憂に終わった。初日に店内の混雑ぶりを地元のラジオ局が報道してくれ、ぼくはそのインタビューに対し「申し訳ないが、今から並んでいただいても入れないかもしれないので、来ないで欲しい」と、前代未聞の受け答えをすることになった。

これが、現在の「ユニクロ」の原点である。

ぼくは当時三十五歳、父親の経営する小郡商事株式会社(現・株式会社ファーストリテイリング)の専務取締役であった。思えば、大学を卒業後、少しの間スーパーに勤めたもののたった十ヶ月で退職し、他人から見ると今で言うプー太郎に近い生活を経て、父親の経営する洋服屋の後を継ぎ、その年は十二年目のことだった。まだ、「経営」と「商売」の区別すらつかない、商売の面白さと怖さがやっと分かり始めた頃だった。


ぼくは洋服の小売を中心にいろんな商売に挑み、いくつかの分岐点を経て、いろんな仲間と知り合った。日本全国だけでなく、イギリスや中国にも「ユニクロ」を展開するファーストリテイリングという会社を築いてきた。その折々に多くのお客様から、あるいは取引先の方々から学ばせていただいた。一生懸命に仕事をしてくれる素晴らしい社員たちにも恵まれた。あまり優秀とはいえないぼくを支えてくれた役員や社員の皆さんに、この場を借りて心から感謝申し上げたい。

ぼくは現在五十四歳。いままで経営書、企業の成功物語などを数限りなく読んできたが、本を書くのは経営の第一線を引退し、人生を総括するような年齢に達したときで充分であるし、自社の経営そのものに多忙で、そのような余裕もないと思ってきた。社外での講演も同様であり、あまり多くは引き受けてこなかった。

しかし、今、会社もぼくも大きな転換期にある。きちんとした形で何かを書き残すとしたら、今しかそのチャンスはないと思い、これまで自分がたどってきた道筋を振り返ってみることにした。

呑気な回顧録にするつもりはない。現場は時々刻々と動いている。やるべきこと、やりたいことはまだまだいっぱいある。振り返っている時間はあまりないのだ。しかし会社経営の原点、会社で働くということの原点は今一度確認し、これからも一緒にやっていく仲間である役員や社員たちとそれを共有したいと思った。この本を出すことにした理由である。

経営は試行錯誤の連続で、失敗談は限りなくある。商売は失敗がつきものだ。十回新しいことを始めれば九回は失敗する。成功した経営者のなかには、もっと凄まじく「百回に一回程度しか成功しない」などとおっしゃる方もいる。「現実」はいつでも非常に厳しい。経営環境は目覚しいスピードで変化していく。そのスピードに追いつきながら経営を続け、会社を存続させていくには、常に組織全体の自己革新と成長を続けていかなくてはならない。成長なくして企業としての存在意義はない、と考えている。

自分の経営に対する考え方、試行錯誤の実態、とくに数々の失敗を通して学んだことを披瀝(ひれき)することによって、読んでくださった方が行き詰まり思い悩んだときの打破のきっかけとなることを願っている。ビジネスマン、経営者、学生、起業しようと思っている方々に何らかの参考になれば望外の喜びだ。

一勝九敗　目次

Ⅱ　挑戦と試行錯誤

Ⅲ 急成長からの転換

Ⅳ 働く人のための組織

V 失敗から育てる次の芽

I 家業からの脱皮

会社とは？

「会社」とはどういうものか、考えたことはおありだろうか。

個人で商売をしようとする人以外は、初めて就職するときに、どんな仕事に就きたいかよりも、まずどの会社に就職しようか、と考える。一旦就職してしまえば、今度は生活のすべてが会社と一体化したような、会社というものが何か非常に安定的なものので、会社のおかげで生活できているような感覚を持つ人が多いのではないだろうか。でも、ぼくはそうは考えない。

会社とは本来、つねに実体がなく、非常に流動的で、永続しない可能性の強いものなのだ。そもそも、最初にビジネスチャンスがあって、そこにヒトやモノ、カネという要素が集まってきて、会社組織という見えない形式を利用して経済活動が行われる。しかし、経営環境は常に変動する。当然のことながら、金儲けやビジネスチャンスが無くなることがある。そうすれば、会社はそこで消滅するか、別の形態や方策を求めて変身していかざるを得ない。会社とは一種のプロジェクト、期限のあるもの、と考えるべきではないだろうか。収益を上げられない会社は解散すべき、ともいえよう。日本は戦後、一貫して右肩上がりの成長を続けてきた。経済大国という名の勲章までもらい、一時的であれ驕(おご)ってしまった。そして、「会社は実在し、会社中心で仕事を続ければ、継続して成長できる」という神話が生まれた。経営者も社員もみんながその信奉者として、誤解し続けてきた。しかしもうすでに、会社に頼る時代は終わり、このような考えは成立しなくなっている、と思う。

これは、時代が変わり会社というものの意味が変わってきたということではない。会社とはもともと期限のあるものと考えるべきで、新しい事業の芽を出し続けない限り、賞味期限が切れたらそこでお終(しま)いなのだ。その本質はつねに変わらない。

会社は安定成長を続けると、形式的に動くようになり、管理組織も次第に肥大化し、意思決定のスピードが鈍くなる。会社というもの、事業=商売というものは、安定や形式とは正反対に位置すべきものではないだろうか。

ちょうどぼくと同年代、団塊の世代で大会社に就職した人は、四十歳代になった途端に不景気になった。やれリストラだ、減量経営だとその旗振り役になるだけでなく、自分もリストラの対象者になり始めた。結局、自分の生活すべてを捧(ささ)げたような会社員人生とはなんだったのだろうか、と考え込んでしまうひとが多い。

バブルがはじけ、不況と言われるようになって十年以上がたった。現在までで三十年働いたとすると、ざっと「二十年の大成功と十年の大失敗」という図式が成り立つ。ぼく自身も気づいていなかったが、この失敗の要因はすべて成功体験のなかにあったのだと思う。つまり成功の中に失敗の芽があり、それが成功の期間中に徐々に膨らみ、現在のていたらくを産んだのではないだろうか。

ユニクロの急成長とは？

ユニクロは短期間のうちに急成長と大成功を収めたが、このところ急失速してしまったとよく言われる。しかし、われわれは今が失敗とは考えていない。現在が普通なのだと考えている。会社の組織・体制作りを通して、売上規模に応じて伸び縮みできるような仕組みを作ってきたので、たとえば直近の二〇〇三年八月期でも売上高（単体）は三千十七億円で経常利益は四百六十九億円であった。この利益水準は、決して悪い成績ではない、と思っている。

会社というものは、「組織や資産規模が売上規模に応じて変動するような仕組み」が効率的だし、そのような柔軟性を持たないといけない。固定化された組織は早晩、ダメになる。会社は期限があるものであるがゆえに、環境変化に対応して絶えず変化させていかなければ生き残ってはいけない。経営者は企業環境がどうあろうが、収益を上げ続けることが責務なのだ。

ユニクロはブームが去って、売上の減少が続いたのは事実だ。一般消費者の方々にとっては住んでいる家の近くのユニクロが閉店でもしようものなら、「ユニクロもとうとうダメになったか」などと思われるかもしれない。しかし、不採算店の閉鎖は自己変革の過程では、止むを得ないことである。会社の通常の営業活動のなかで、事業の栄枯盛衰は常につきまとうものだ。

急成長した会社そのものに不信感をいだく人がいるし、ブームになった会社をブームになったというだけで毛嫌いし、怪しいと思う人もいる。個人の意見はそれでもよいが、マスコミまでそれでは困る。

急成長する途上では、さんざん祭り上げておきながら、いざ失速となると「急成長することは悪」「安定成長が一番」などと書き立てる。「ブームを長続きさせるようもっとコントロールすべきだった」と書く大手のビジネス誌さえもある。みんな勝手な結果論だけを述べようとしているにすぎない。どこか勘違いしている。良いときは良い面だけ、悪いときは悪い面だけしか書かない。それが良識あるビジネス誌と言えるのだろうか。

かつて日本人論がはなやかだったころ、日本人は中流階級意識が強く、集団主義的な傾向が強いといわれた。一方向あるいは一つの意見にまとまってしまうマスコミは、そのころから脱却していない。日本人の感覚は競争社会にさらされて少しずつ変化してきているのに、マスコミの競争意識は横並びのスクープ合戦に過ぎず、論調には何の独自性もない。

ユニクロの急成長は、あくまで企業理念を実現しようとして、全社一丸となって精一杯努力した結果であり、ブームは会社側でコントロールできるものでもない。自分たちがこうしたいという意思に基づいて起きることではなく、商品を買ってくれるお客様がいて、つまり商品を「価格と品質」で評価してもらい初めて起きることである。お客様の好評価が続くと、自然に成長や収益性向上につながるのだ。会社としてできることは、ニーズを掘り起こす努力をし、お客様の意思についていくこと。それがブームにつながるかどうかは誰にもコントロールはできない。

父親の影響

ぼくの父は、古いタイプの商売人であった。義理人情に厚く、生業家業といった観点で仕事をし、企業家とか経営者といった観点はなかった。商売とはこういうもの、実践そのものだ、と教わったのも父親からであった。父の姿をみてこれじゃいけないと思ったこともある。教師であり、反面教師でもあったといえよう。父親の影響が非常に強いのは事実だ。

父は、一九四九年(昭和二十四年)、山口県宇部市で「メンズショップ小郡商事」という紳士服小売を始めた。おもにスーツを売る店で、上等なスーツを着こなしたい銀行や証券会社の人たちがよく買いに来てくれていた。

もともと親類の多くが九州や山口で洋服屋、紳士服店をやっていた。父は尋常小学校を出てから伯父の店に奉公にいき、それから宇部に出てきて独立開業している。最初はオーダーも扱っていたが、そのうち既製服の販売を中心にしていった。

ぼくが中学生になったころ、父は洋服とはまったく違う畑の建設会社を始めた。というよりも、当時の言葉で「土建屋」といったほうがいい。いま話題になっている談合とか癒着とか、政治家がらみの仕事が日常の時代で、よい意味でも悪い意味でも彼の性分に合っていたようだ。地元の国会議員の後援会長をやったり、大企業の経営者との親交もあり、いわゆる地方の小都市やどの町にもいる「ボス」のようなタイプの人間。本人も言っていたが、もっと若いときから土建屋をやっていれば、洋服屋よりもっと成功していたはずだ。

父は気性が激しく厳しい人だったので、できるだけ会わないようにして過ごしていた。とにかく怖かった。よく仕事もするけれど、付き合いが多くて宴会も日常茶飯事だったため、夜遅く帰ってくる。ぼくはそれで早寝のくせがついたのかもしれない。たまに会うと、叱(しか)られる。

今から思うと、それが激励だったのかもしれないが、こちらはひたすら叱られているようにしか感じなかった。ぼくは姉一人妹二人に挟まれた男一人なので、たくましく強く育ってほしいという期待も、相当あったと思う。出来の悪い息子だったので、よく手を上げられたりもした。小さいころから「何でも一番になれ」と言われたことを思い出す。父親が子供を教育するとはこうすべきだ、という概念が頭の中にできていたような気がする。褒められたのは、高校と大学に合格したときぐらいのものだろう。

父のそんな姿を見ながら、生活のすべてを賭けるような日々が商売だとすると、ぼくにはぜんぜん向いていないな、とずっと思っていた。しかし、その洋服屋の跡を継ぎ、さらにその延長線上にあるユニクロへのなりゆきと父の生涯とは、今更ながら不思議な因縁があると感じざるをえない。

まず、父が個人で洋服屋を始めた一九四九年（昭和二十四年）に、ぼくが生まれている。父は一九八四年（昭和五十九年）四月に脳溢血で倒れた。その年の六月にユニクロ一号店を出した。九月には父が社長から会長に退き、専務のぼくが社長になった。一九九九年（平成十一年）二月一日に東証一部に上場し、それを父に報告して五日後の夕食のあと父は亡くなった。翌七日は、ぼくの五十歳の誕生日、父は七十九歳の生涯を終えた。葬儀では「父はぼくの人生最大のライバルでした」と遺影に向かって述べた。ぼくが、人前であれだけ涙を流したのは初めてだった。

おもちゃ屋の夢からVANショップへ

小さいころのぼくは、とにかく内気で大人しい少年だった。父親に「何でもいいから一番になれ」と激励されても、成績を上げようとも思わず、将来何になりたいという思いもなかった。幼児期には、おもちゃが好きだったのでおもちゃ屋になれれば、と漠然と思っていた程度で、中学・高校ではなりたいものは特に無かった。

店が駅前商店街にあったせいで、遊び場はもっぱら商店街。一階が店で、二階が住まい、近所におもちゃ屋や本屋がある。本屋のご主人が、たまにいらなくなったマンガ本や付録をたくさんくれる。漫画を読むのも大好きだった。

何人かの住み込みの店員さんたちと、朝晩のご飯を一緒に食べる。早く食べないと叱られる。昔の商店街や小売店の典型のような生活だった。いま当社で監査役をしている浦さんは、この時の住み込み店員のうちの一人。当社の歴史の生き証人といえる。

父は紳士服店が順調になってから、建設会社以外にも喫茶店や映画館を経営した。地元の経営者のなかではしだいに目立つ存在になっていく。高度成長期の真っ只中(まっただなか)だから土建業も順調だ。

そんななか父自身がVANの商品が好きで、VANショップも始めた。ぼくも高校時代には、VANのボタンダウンのシャツを着たり、VANのスニーカーをはいていた。これが、カジュアルウエアに親しむきっかけとなったことは確かだ。

父は口には出さなかったが、少なくとも洋服屋は継がせたがっていたようだし、ぼくも何となくそういう具合になるのでは、と思っていた。だから自分は将来こういう仕事をやってみたいと具体的に考えようとしなかったのかもしれない。

大学時代ははじめて親元を離れ、東京へ出た。青年期特有の親への反抗心もあり、東京中心に大学受験をした。六〇年代後半の東京。ヒッピー、フーテン、ポップカルチャーなど、東京に行けばいろんな面白いことがありそうだ、そういう期待に胸を膨らませていた。

東京は若者のエネルギーで騒然としていた。大学には入学したものの、学生運動華やかなりし頃で、ほとんど学校に行っていない。ストライキも多く、大学が一年半近く封鎖されていたこともある。暴力に偏(かたよ)りがちな学生運動にはどうしても馴染(なじ)めず、映画やパチンコ、マージャンで、ブラブラしていた四年間だった。

アメリカに貧乏旅行したこともある。早稲田や高田馬場では大音響のジャズ喫茶にも行ったが、やはり雀荘によく通った。ゼミにも入らなかったので、三、四年生になっても、就職のことは考えず、できれば仕事したくないな、と思っていた。

一九七一年（昭和四十六年）三月に卒業したもののどこに就職するわけでもなく、ぶらぶらしていた。父親への反抗心はあったが、五月には父が勧めたジャスコ（現イオン）に入社する。

入社した頃は岡田卓也現名誉会長のお姉さんが人事部長をされていた。寮も完備していたし、人のケアーをきっちりやる会社だな、と強い印象を受けたのを覚えている。

そして、四日市の本店で修業することになる。

研修のあと、最初に配属されたのは荒物、包丁、まな板、ザルなどを扱うバラエティ売り場だった。セルフサービス型の売り場だったので、ここでの仕事はほとんどが商品補充であり、倉庫と売り場の往復だった。

続いて、実家の家業を考慮してくれたのかどうか分からないが、何ヶ月かたって紳士服売り場に配属される。ここでは接客が半分と商品補充が半分だった。仕事そのものが面白くなく、「こんなことしていていいのかな」と思ったり、かといって「これをやりたい」という明確な意思も無く、どうしても仕事を真剣にやってみようという気がおきなかった。翌七二年の二月に辞めた。まったく自分のわがままというほかない。

こんどは、父親に「アメリカに留学しようかと考えている」と言い、ふたたび東京に戻る。英会話学校へ通っていたが、ぶらぶらグセは治っていなかった。以前から付き合っていた女性（今の家内）との結婚も考えていたが、半年くらいしてから「結婚を認めるから帰って来い」という父親の説得に自分でも観念し、八月、宇部に戻った。

家業の跡を継ぐ

跡を継ぐと決めて帰ったのに、父は土建業が忙しかったせいかもしれないが、ほとんど何も指示しようとはしなかった。あれやれ、これやれと言われないので、店に入って他の従業員と同じように接客したり、いろんな作業をしていた。メンズショップ小郡商事は一九六三年（昭和三十八年）に個人事業から、資本金六百万円の小郡商事株式会社を設立して引き継がれ、七二年当時、年商一億円程度の店舗（紳士服店が一店、カジュアルウエアのVANショップが一店）になっていた。

不肖の息子とはいえ、ジャスコの仕事の流れや仕組みを実体験しているから、品揃(ぞろ)

えから仕事の流れなど、店全体に効率の悪さを感じていた。商店街のなかの洋服屋でグレードの高いスーツを売っていても、回転が悪すぎる。赤字ではないものの、そんなに儲かってはいない。商売の中身が分かってくればくるほど、徐々にいらだってくる。これじゃあいけないと考え、当時六人いた従業員に「こうすべきだ」と思ったことを言い始める。すると、そのうち何人かが辞め、二年ほどのうちに、とうとう浦さん一人だけになってしまった。

こちらは激しくぶつかったというつもりはないが、正論を言われてついていけないと思ったのかもしれないし、店の将来性に疑問を持ち見切りをつけたこともあるだろう。しかし、番頭格の人まで辞めたときでさえ父は何も言わなかった。それだけでなく、ある日、大事な会社の通帳と実印を父から渡された。ぼくが父親だったら、絶対口を出していただろう。今から考えるとものすごく偉い、尊敬できる経営者だったと思う。会社をつぶす覚悟があるなら俺の目の黒いうちだったら何とかする、ということだったのかもしれない。実印を預かった瞬間「もう後戻りできない。任せられたら、絶対に失敗できない。ここで頑張らなければ」と腹を決めることができた。経営には「覚悟」がいると思うようになったのはこの頃のこと、ぼくは二十五歳になったばかりだった。現在のユニクロで言えば新米店長の年齢だ。

従業員がいないので、浦さんと二人で何から何までやった。仕入、品出し、在庫の整理、接客販売、経理、掃除……、気がつくと休みも無く働き、猛烈に忙しくなっていた。地方の店なので、正社員を雇いたくてもなかなかいい人が来ない。しばらくはパートやアルバイトの採用で切り抜けた。

仕事はつらいものの、商売というのは売ることだけではなかった。商品の仕入、売上金の精算から銀行への入金、決算が終わって税金を納める、面接して社員を採用する、社員に指示する、など毎日いろんなことがあったので、徐々に面白みを感じてきていた。自分で考えて、自分で行動する。これが商売の基本だと体得した。

商売に不向きだと思っていた内気な少年が、やってみたら意外に「ぼくにもできそうだぞ」と思い始めていた。なにより、接客して採寸して商品が売れた瞬間が楽しい。今でも、初対面の人に会うと、この人は既製服ではどのサイズか、胴回りがどれくらいかは見当がつく。

紳士服からカジュアルウエアへ転換の予兆

紳士服は接客しないと売れない。同じ商品でもうまく勧めれば売れるが、勧め方が悪ければ売れない。セールストークから採寸まで、技術や熟練が要求される。それに反し、カジュアルウエアは接客せずに売れる。ただし、売れるものは飛ぶように売れるが、売れないものはぜんぜんダメだ。差が大きい。

紳士服とくにスーツは価格が高く利益率は大きいが、呉服と同じで商品の回転が極端に悪い。年に二回から良くて三回転ぐらい。しかし売れれば儲かるが、売れなければ在庫リスクの塊となる。長距離ばかり狙っているタクシーの運転手みたいなものだ。待ち時間が長い。

浦さんが主にやってくれていたVANショップも、同じ商店街で営業していたので、カジュアルウエアの動向は常に気になっていた。自分の向き不向きで言うと、接客しなくても売れるカジュアルウエアのほうが向いている。客層は二十歳代後半以上の男性だけ、という紳士服と比べても、カジュアルウエアは客層を限定しないので、将来性はこちらのほうがあるのではないか、と考えるようになっていた。

当時は「青山」、「ゼビオ」などと同じ紳士服のボランタリーチェーン（協同組合日本洋服トップチェーン）に所属していて、郊外型店舗の勃興期にあった。同じ仲間が株式市場に上場していくなかで、当社は紳士服では小規模であり限界を感じていた。カジュアルウエアで郊外型店をやったら面白いかもしれないと漠然と思い始めていた。

海外から好きな商品を買い付け販売する

宇部という地方都市にいたので、最新の情報を知るためにファッション・雑貨などの雑誌はよく読んだ。年に一度は海外、とくにアメリカやイギリスなどに行って、商店を見て歩いた。この当時の先進的な小売業、エスプリ、ベネトン、ギャップ、リミテッド、ネクストなどのチェーン店を見て刺激を受けた。最初は同業者との視察旅行の趣きだったが、そのうちにアメリカの商品、Tシャツやジーンズなどを買い付けに行くようになった。ロンドンではTシャツやアクセサリー、古着、アンティークウォッチなどを買い付けたこともある。

そういった商品を売る店舗も出していった。三年間に一店舗ほどの割合で、下関、小倉、小野田、広島などの都市の商店街やショッピングセンター内に新店を作った。紳士服店とカジュアルショップの二頭立てが続く。世の中で、ドレスとしての服よりもカジュアル用に着る服が注目され始めた頃だった。

新店をオープンしても、売上高は増えるが当然、原価や経費も増えるので、儲かるわけではない。自分の好きな商品を買ってきて、好きな店舗で好きなように売る。これでは趣味の域を出ていない。経営とはいえない。

婦人服の店も経営した。分かったことは、紳士服より粗利(あらり)が低いうえに、トレンドサイクルが非常に短いということだった。

売上が伸びず、うまくいかない店舗は閉鎖したこともある。おおげさに言うと、作ったりつぶしたり、作ったりつぶしたり。そんなことが好きだったのかもしれない。ちょうどオモチャをいじっているような。

ユニクロへのヒントと実現

この時期に、アメリカの大学生協に立ち寄ったことがある。学生が欲しいものをすぐにでも手に入れられるような品揃え、それでいて接客が要らない。セルフサービスだ。売らんかなという商業的な臭いがしないし、買う側の立場で店作りされている。本屋やレコード店と同じようにすーっと入れて、欲しいものが見つからないときは気楽に出て行ける。こんな形でカジュアルウエアの販売をやったらおもしろいのではないかと思った。ただ単に「セルフサービス」というと、わが社は経費節減のためにやっています、という感じがしていやなので、「お客様の要望としてのセルフサービス」の店が理想だ。それがわが社のモットーになる「ヘルプ・ユアセルフ」方式だった。

本屋やレコードショップは求められない限り、接客はしない。その分、お客様の欲しいものを欠品しないように品揃えする。そういった買いやすい環境を作ることに徹すればいいのだ。欧米のカジュアルショップでも接客はしていたが、なるべく接客することなくカジュアルウエアを売る。こんな店を作れないだろうかと考えた。

一九八〇年代に入るとアメリカではリミテッドとかギャップとか、服のチェーン店として売上数千億円とか一兆円を超えるような目覚しい伸びをする会社が現われた。同時に、巨大スーパーやディスカウントストアなどのセルフサービスの店が伸びてきた時期である。八三年前後には、日本でもDCブームが巻き起こっている。つまりデザイナーブランドやキャラクターブランドの高価な洋服が売れ始めた時期でもあった。だがDCブランド商品は、十代の子供たちには高くて手が出ない。十代の子供たち向けに流行に合った低価格のカジュアルウエアを、セルフサービスで提供できないだろうか。しだいに店舗と商品のイメージが固まっていった。「いつでも服を選べる巨大な倉庫」という意味も込めて、店名「ユニーク・クロージング・ウエアハウス」も決まった。

大都市に出て勝負したいとの思いもふくらんだ。山口県近郊で大都市というと、福岡か広島だ。広島市中区の本通商店街の裏通りに袋町というところがあり、たまたま良い物件を見つけた。なぜ、裏通りかといえば、金がないので表通りには出せなかったということと、当時の、裏通りにデザイナーブランドの店を出すという流行も意識してのことだった。

本書の冒頭で紹介した「ユニーク・クロージング・ウエアハウス」一号店の登場だ。ストアコンセプトは、「週刊誌みたいにカジュアルウエアを買える店」。人の集まる都心部だが家賃の安い裏通りにある、マンションの一階と二階、合計で百坪の店。商品は千円と千九百円の二プライスが中心。朝六時にオープンしてから二日間ずっと、入場制限をさせていただくほどの盛況だった。

売れると仕入れてくるという商売だったが、考えていた以上によく売れた。開店のチラシを店舗近くの中学校・高校、駅前、商店街で一週間以上も手配りしたり、ラジオやテレビコマーシャルをやった成果が現われた。一時は、金の鉱脈を掘り当てたような感触を持ったものだ。一九八四年（昭和五十九年）六月二日、朝六時オープン、ちょうど入社してから十二年が経っていた。

このときに採用した学生アルバイト第一号は、現在当社の総務チームのリーダーをしている植木君だ。よく働いてくれるし、卒業後はうちの社員になって欲しいとおもっていたが、そんなことを言えるような会社の状態ではない。彼はしばらくバイトを続けてくれたが、別のバイト（家庭教師）が忙しくなったので、辞めたいと言ってきた。後に、東証一部上場会社に就職したと聞いて、彼のようにサービス精神にあふれた優秀な人間が集まるような会社にしたい、と真剣に思うようになった。ところが、当社も一部上場会社になってから、彼が本当に入社してきてくれた。思えば通じることもある。

気になっていたのは、店名が長いこと。思いが込められていても、顧客に覚えてもらえなければ仕方ない。ロゴマークを作ってもらっていた人に頼んで、若い人たちに受けるように縮めてもらった。それが「ユニ・クロ」だ。最初は「・」が入っていたが、何年かしてそれも外した。

実はそのときのロゴは、UNICLOだった。それから四年後（八八年三月）の後日談だが、香港（ホンコン）で現地の人と合弁で商品のバイイング会社（社名はユニクロトレーディング）を設立しようとしたときのこと、その人が登記する際にCをQに間違えてしまった。字体を見たら、Qのほうが格好がいい。それなら、本体の日本の店名も全部変えてしまおうと判断し、UNIQLOに変更した。現実は、偶然の出来事から時に面白い展開を示すことがある。

良く売れる店とは

ところで、最近になって初めてユニクロの店舗に行った方が、こんな感想を言ってきてくれた。「開放感のある天井の高い空間と、そこの従業員の人たちのきびきびと動いている感じというのがすごく新鮮な驚きでした」。うれしい限りだ。

ユニクロ一号店に込めた思いは、お客様が「自分で選べる環境を作る」ということ。

具体的な売り場作りはこうだ。店内の通路をまっすぐに幅広く取る。狭く歩きにくい従来のファッション専門店には無かったことだ。続いて、天井はコンクリートの軀体を剝き出しにして高くとり、空間を広く、という工夫。ソフト面では、販売員の対応。掃除の行き届いた店内に、商品がいつでも整然と並べられていて、適時に補充される。販売員がしつこい接客をすることがなく、質問されたり依頼されたときだけきちんと答える。作業しやすいようにエプロンをつけ、誰が販売員かすぐに分かるようにする。これが「買う人の立場で店を作る」ということ、それが「買いたくなる店」=「良く売れる店」につながると考えた。

もっとも、最近の当社ではいろいろ批判はある。「ファッション専門店なのにエプロンなんかダサい」という社員もいる。カッコいいことと、機能的なことのせめぎあいはつねにある。どこかでバランスをとるべき部分があることは認めよう。しかし、既存のファッション企業のように「ファッション至上主義」に偏っていては成長はできない。「着やすい」とか「ほかの服に合わせやすい」というベーシックな機能性を目指すユニクロの服と同様、機能面を重視したファッション専門店であるべきだと思う。洋服はファッション性のある工業製品なので、どちらかに偏りすぎてもいけない。機能とファッションのせめぎ合いが、当社のひとつの原動力になればいい、と考えている。

ユニクロの店舗展開

ユニクロ一号店の成功で「何とかいけそうだ」との感触を得たため、賃貸物件の出物を物色していたら、下関郊外に自動車用品店が撤退した店舗があるという。内外装を若干改装して、二号店（ユニクロ山の田店）をオープンしたのは翌八五年六月。これが郊外型展開の始まりである。

同年十月には、岡山市の都心型（表町店）と郊外型（岡南店）の二店舗をオープンした。偶然にも、この郊外型店も自動車用品店の撤退後だった。当然、都心型店より地価は安い。店舗わきにカーピットがそのまま残っていた。それをそのまま売り場に転用した。余談だが、ちょうどその頃プールバーが流行りだしていて、繁華街の店舗のわきにビリヤード場を併設したこともある。もっとも一年で止めてしまったが。

集客のためには強力な販促・宣伝が必要だ。そのためには店舗がある程度一定の地域に集中していることが望ましい。山陽道中心に店舗展開していく足がかりができた。

ユニクロ郊外型店舗を出してみて分かったことが、三つある。

折りしも自動車社会の到来で、郊外型店いわゆるロードサイドショップが猛烈な勢いで増えていた。遠方から車に乗った二十歳代三十歳代の人たちが、休日にカップルやファミリーでカジュアルウエアを買いに来てくれる。つまり、カジュアルは年齢も性別も関係なく需要がある、ということが一つ。

二つ目は、トレンドものよりベーシックなものに大きな需要がある、ということ。これ以降、ユニクロの対象顧客をノンエージ、ユニセックスとし、トレンド品よりもベーシックな商品を扱うようにしていった。名のあるナショナルブランド以外の商品にも、良いものであれば相当の需要があるということだ。

三つ目は、商店街の一角にあるビルインなどのテナント店より、郊外型店のほうが「買おう」という目的を持ったお客様がこられるので、買い上げ率が高い、ということだった。平たく言うと、市街地の店舗よりも良く売れるのだ。

一号店の商品は、当時全盛だった岐阜のメーカーものが中心で低価格、これがベースで、インポート商品を目玉にしていた。どちらかというと品質より値段優先だった。ほとんどがメンズのティーンズカジュアル専門店といった品揃え。郊外型店を出し、一号店と同じ品揃えをしたのだが、客層が変わったのが分かったので、商品も徐々にベーシックなもの、幅広い客層向けへシフトしていった。

カジュアルウエア＝普段着は、いつでもどこでも自由に着られる服装。普段着として単品の完成度を上げれば、どんな服装にでも合わせられる。上から下までユニクロで揃える必要はない。他のブランドと組み合せることができる。こうして、男女の別無く着られるユニセックスのカジュアルウエアが大量に売れれば、大成功のはず。現実はそう甘くないのは承知の上だが、できればそんな商品を自分たちで作ってみたいと思い始めた。三号店、四号店を出したころだった。

メーカーから仕入れてくる商品は、安いが品質は二の次だった。商品が売れ始めると、メーカーを経由して海外で作ってもらうようになった。その段階では、品質管理体制が整っていないため、どうしても粗悪品が含まれてしまう。仕入れ値が低いので、まともな商品をきちっと作ろうとすると生産工場は儲からないからだ。こうなったら自分たちで本格的に生産管理し、現地で直接作らないとダメだな、と思うようになっていった。

商品を自分たちで作る

店舗を徐々に増やしていったが、資金繰りはいつまでたっても楽にならない。低価格を売り物にしているので商品の回転数が勝負だ。

当時は金が無いので、すぐに売れそうな商品を仕入れ、早く売る。売れないものはシーズン中に、値下げしてでも売り切る。決して翌シーズンまで持ち越さない。商品バイヤーは毎週、岐阜、名古屋、大阪のメーカーや問屋を回って、見切り品を仕入れてくることもあった。当然、百％買い取りだ。店が増えていくので、売れ筋商品を確保するのはますますたいへんになる。

従来の衣料品小売業界では、メーカーや卸業者の企画した商品を選択仕入（バイイング）し、「委託販売」する方式が一般的であった。委託販売方式は、商品が売れ残れば返品可能で、小売業者にとってリスクが少ない反面、リスク回避の分だけ仕入原価に上乗せされるために粗利益は低い。それを維持しようとすると売値を高くせざるをえない。結果、消費者は高い買い物をする可能性がある。また、商品企画がメーカーや卸業者主導になりやすいため、小売店舗での商品構成に一貫性がなくなり、かつ販売価格もメーカーや卸業者の指示に従わざるをえず、小売業者は自由な価格設定もできない状況だった。

販売価格を小売店がコントロールするには、別注を増やすしかない。店舗数を増やし、バイイングパワーをつけるのと同時に、自主企画商品をメーカーへ製造委託する方式＝「別注」をとるしかないのだ。海外メーカーに委託するには発注量がまとまらないと受けてくれない。おまけに、メーカーへの返品は不可なので百％完全買い取りになる。リスクを全部自社で背負い込むことになるので、売れない商品を企画・発注してしまうと、当然命取りとなる。

一九八五年のプラザ合意以降、円高が進む。八六年から急激な円高となり、メーカー品やブランド品が安く売られてもいいはずなのに、現実はそうならなかった。そんなとき、小売店の視察をしに香港へ行き、「ジョルダーノ」のポロシャツが目にとまった。低価格の割りに品質が高い。「これだ」と思った。ジョルダーノ創業者のジミー・ライ氏に会いに行った。

もともと彼は、アメリカの衣料品専門店チェーン「リミテッド」のセーターの生産も請け負っていた。彼は、ぼくと同じ年齢。失礼を承知で言うと、パッと見は大したことないオッサンが大したことをやっているな、という感じだった。「この人にできて、ぼくにできないはずはない」。そう思った。彼からは「商売には国境がないこと、製造と販売の境がないこと」を学んだ。

中国共産党の革命がおきて、上海（シャンハイ）近郊で工場を経営していた人々が、中国本土から当時英国が租借していた香港に逃げてきて、香港や東南アジア一円に工場を作り始めた。そこに欧米のバイヤーがやってきて、商品を企画・発注する。輸出が増えていく。こんな構造になっていった。香港のメーカーには小売とメーカーの境がなく、欧米のブランド品の請負工場をやりながら小売もしている。ぼくらが日本でやっている商売よりももっと進んでいて、こちらの方がはるかに成長性が高いのではないかと気づいた。自分たちもそういうことをやらないといけない。

ぼくらの場合は小売出身なので、生産はできないが、メーカーに委託した場合の生産管理は可能だ。可能というより、品質の高い商品を作るためには必須なのだ。

まず、八七年には「ユニクロ」オリジナル商品を手がけてみようと思い立つ。社内にはデザイナーもパタンナーもいないので、仕様書は手書きでいいかげんなもの。これをメーカーへ製造委託する。まだ生産管理をこちらでできないため、メーカー品に負け、最初につけた価格では売れずに、結局、値下げ販売が多くなった。海外ブランド品をディスカウント価格で打ち出し、チラシで訴求する、というスタイルはしばらく続く。八八年三月には香港に商品のバイイング事務所を作り、現地法人を香港の人と合弁で立ち上げた。

後の話だが、生産管理の担当者を募集したところ、スポーツ用品メーカーに勤めてはいたが、その会社のなかでは傍流といえるアパレルの生産管理経験者の小谷さんが入社してきてくれた。九三年一月のことである。そのあと彼を慕って同社から三人が次々と当社に転職。その人たちを中心に中国に駐在してもらった。自分たちで商品を作る環境が整いはじめた。

FC店を募集する

ユニクロを四店舗出して、ある程度店舗運営に自信ができたので、商品の取引量を増やしバイイングパワーをつける段階に入った。つまり店舗数を拡大させるため、フランチャイズ（FC）店を募集することにした。直営店だけをドンドン増やしていければよいが、設備投資資金が足りないこともあった。その点、FC方式は魅力だ。
「人口十万人の都市で百六十五平米（五十坪）から二百六十四平米（八十坪）の売り場面積で年商二億円の店舗が可能」、と宣伝した。ビジュアル面ではイラストレーター、広告文はコピーライター、店舗は店舗設計家、宣伝面は広告代理店など各分野の社外専門家チームと協力体制も作り、これなら若い人たちにアピールできる店舗ができると確信していた。

所属していた日本洋服トップチェーンのメンバーに声をかけ、一九八六年（昭和六十一年）十月に山口市にFC一号店、八七年四月に倉敷市にFC二号店をオープンすることができた。

八七年六月には直営店を一店、岡山市（西大寺店）にオープンしたので、八七年八月期末には、ユニクロ店がFC二店を含んで七店舗、ユニクロ店以外の紳士服店・婦人服店が六店舗となった。八七年八月期の売上高は二十二億円、経常利益六千五百万円となっていた。

株式公開を目指す

店舗も順調に増えていき、チェーンオペレーション理論だと、「規模の利益」が出始めるべきなのに、それほど効率が上がらない。売上高経常利益率も一％から二％程度だ。八八年八月期は売上高二十七億円、経常利益は四千三百万円、翌八九年八月期は売上高四十一億円、経常利益は四千八百万円、店舗数二十二店（うちFCは五店）

となっていた。八七年八月期末から二年間で、ユニクロを七店舗オープンした。二十四、五歳で会社を全部任されて、試行錯誤を繰り返しながら、必死に走ってきた。立ち止まって考えてみると、売上規模だけでなく総資産も大きくなっていた。社員は百名近い。銀行からの借入金も、父親や自分の個人資産をとっくに超えている。いままでの商品を売ったり買ったり、インポートものを仕入れたり、皆で店をオープンさせたり、そういうことだけが面白くて、ここまで来てしまったような気がしていた。規模が大きくなると、ちょっとした失敗で取り返しがつかないことになりかねない。会社をつぶさないためには、本格的に経営を勉強しなければと思い、本を読み勉強した。経営コンサルタントや公認会計士などにも会ってみた。

その中の一冊に『熱闘「株式公開」』（ダイヤモンド社刊、絶版）という本があった。読者の立場に立って、経営や株式公開のイロハが、分かりやすく書かれている。著者に会いたいと電話し、九〇年九月下旬に宇部本社に来てもらった。現在、当社の監査役をしてもらっている公認会計士の安本先生だ。ぼくが四十一歳、先生が三十六歳のときだ。

会社全般をレビューしてもらったあと、コンサルティングが始まった。本では立派なことを書いているが、こんなひ弱そうな先生で大丈夫かな、と一瞬思う。後日談だが、先生のこのときのぼくに対する印象は「今までにない世界的な企業にしたい、と言われたときに、こんな体育会系の一本調子で大丈夫かな」と思ったそうだ。お相子である。

もともとそう簡単に株式公開はできないだろうと思っていたが、先生に言われたことで印象に残っていることが二つある。

一つは、株式公開がすべてではなく、公開できるような実力をもった会社、つまり社会的に認められる会社にしないとこれからの競争社会に生き残っていけない、ということ。もう一つは、社長がいなくてもある程度は会社の経営が回っていくような会社、つまり組織で動ける会社にしないといけないということ。経営ってそういうことだったのかと新鮮な気持ちで聞いた。素直に、そんな会社の体制をつくるにはどうしたらいいんですか、と尋ね始めた。株式を公開することよりもまず会社としての体裁を整えるために動き出した。

着々と改革が始まった。先生との窓口は、この前年に情報システムの担当で入社した菅さんにお願いした。当時の肩書きは業務改善室長で、その年の十二月に取締役になってもらった。後の専務取締役である。

いくつかについて後に詳述しようとは思うが、とりあえずやったことのポイントを並べてみよう。

まず、会社全体に必要な業務・機能を整理し、本部社員の役割・目標を明確に定め、組織図を書く。

ユニクロのいままでの成功要因を分析し、今後ますます成長させるための成功要因を検討し、それぞれを目標として設定する。

ユニクロの標準店舗の規模(売り場面積、売上・在庫規模、人員体制、設備投資額など)を決める。一店あたりの標準損益を設定する。それに基づいて年間の出店計画、販売計画、仕入計画、資金繰り予定表を作る。

関係会社を整理する。

月次決算をスピーディに正確に実施する。年度予算と月次決算を比較し差異を分析し、すぐに手を打つ。

仕入・販売・在庫・店舗運営・出店開発などの各業務管理ごとに、不正や間違いを防止・発見するための牽制(けんせい)制度(内部統制制度)作りを実施。同時に仕事の流れをスムーズにするためのフローチャートを作る。

POS(ポス)システム(レジで読みとるバーコードの売上データの管理)の見直しと、商品情報・販売情報システムの新システム導入をする。

社内管理規程と運用マニュアルを作る。
新店オープンのマニュアルを作る。出店開発の手順・基準を決める。
設備投資資金の調達方法を検討する。
給与体系を整備する。

ありとあらゆることを、一から洗いなおしていった。ほとんどの中小企業と同様、経理・財務は地元の税理士の先生にみてもらっていて、とくに専門の担当者がいなかったので、経理と財務の核になる人材を募集した。先生に「決算書は経営者の成績表です。それを自前で作れなければいけません。毎月、月末で締めて即座に作って評価し、翌月の対策を打つ。この月次決算の流れも大事です」と言われ、なるほどと納得した。

安本先生の指導で、譲らなかったのは経営理念だ。成功した古今東西の企業や経営者の秘訣(ひけつ)を本や雑誌などで勉強し、自分の経験に照らし合わせた上で自分の言葉に置き換えていったもので、当時十七条あった(本書の巻末に、この十七条からさらに追加した現在の経営理念二十三条を収録させてもらった)。

先生は「社員が覚えないと意味がない。十七では覚えにくい。五つくらいにまとめるべきだ」というが、絶対に必要な理念なので、一つが欠けてもダメ、他社が少ないのは当社とは関係ないと反論し、納得してもらった。会社で働く社員全員がこの理念に心底共感し、共通認識として持っていて欲しい考え方だ。これは譲れなかった。

まるで、嵐(あらし)のように改革・整備を進めていった。いま考えると、経営の素人(しろうと)として無心だったことと、余分な知識や先入観がなかったからできたことだったような気がする。

Ⅱ 挑戦と試行錯誤

商売人から経営者へ

株式公開をしたいと思ったのは、改革を始めてすぐだった。会社の成長のためには、設備投資資金を得たり、出店地域確保はもとより、多くの有能な人材が必要だった。無名の会社には店舗の土地は貸してくれない。

本格的にチェーン展開しなければ生き残っていけないので、出店のペースを速めようと検討していたとき、日本の税制がブレーキになっていることに気づいた。

出店スピードを上げると、売上も仕入も当然増えて運転資金が増大する。現金で売り上げて数ヶ月後の手形で支払うので、回転差資金と呼ばれる資金余剰ができるのだが、すべては新店オープンの設備投資資金などの出店費用に消えてしまう。

そこで日本の税制だ。当時は、利益の約六割が税金だった。仮に二年つづけて十億円利益が出たとすると、約六億円が法人税、事業税、地方税などに支払われる。おまけに前年度の税金の半分の三億円（昨年の利益、三割）を当年度の中ごろに予定納税しなければならない。専門家から見るとおかしな計算かもしれないが、一瞬、利益の九割が税金に消えるような気さえする。急成長すると、翌年度の上半期の資金繰りに追われてしまう。利益は出ていても、カネがない。銀行だって担保が無ければ貸してくれない。日本の税制は「急成長する会社」を念頭においてはいないのだ。これで残る道は、資金を得るための株式公開しかなくなった。

一九九一年九月一日、狭いペンシルビル四階のぼくの机の回りに、その日に居合わせた本部社員を集めて宣言をした。

「社名を小郡商事からファーストリテイリングに変更します。そして、今から本格的にユニクロを全国にチェーン展開します。毎年三十店舗ずつ出店し、三年後には百店舗を超えるので、そこで株式公開を目指します」

失敗すれば会社をつぶすかもしれないが、いまが最大のチャンス。勝負するときには、実践あるのみ。これが当時の偽らざる心境だ。

社員、役員ともにその場にいた全員が驚いたと思う。当時、直営のユニクロ店は十六店、紳士服や婦人服などの店舗は六店、FCのユニクロ店が七店の合計二十九店舗だった。そこまで成長するのにかかった労力と時間を考えれば、年間三十店舗出店はとうてい無理だ。皆そういう思いだったであろう。しかし、経営計画をきちっと立て、着実に実行していけば決して無理ではないと信じていた。

株式公開を目標と決めたからには、一直線に突っ込んでいくのがぼくの性格だ。チェーン展開を本格的にやるために、単なる商売好きから経営者に生まれ変わらなくては、という思いがつのる。もっと勉強しなければ。

商売と経営とは違う。ぼくはもともと経営者というよりもむしろ商売人だと思っていたので、公開準備作業を進めながら同時進行で経営者になる努力をしたというのが実態だった。

経営者と商売人はどう違うのか。商売人は、売ったり買ったりすること自体が好きな人。ほとんどの中小企業の社長は、その意味で経営者ではないと思う。経営者とは、しっかりした目標を持ち、計画を立て、その企業を成長させ、収益を上げる人のことだ。

社名変更は、かねてからの自分の「思い」を込めたものだった。ユニクロの商品を、いずれ「カジュアルウエアのスタンダード」といえるようにしたい。それを実践するための行動指針を表した社名である。直訳すると「早い小売」となり、「お客様の要望をすばやくキャッチし、それを商品化し、店頭ですぐに販売する」ことを意味する。

当社の企画した商品をメーカーに製造委託し、その商品を完全買取し、効率的な店舗運営のもとで販売し、販売結果を再び次の商品企画に即座にフィードバックする。この一貫体制は、販売する商品に全責任を負っていることになるのと同時に、さまざまな無駄を排除し、安価でよりよい商品をお客様に提供することになる。すべてのリスクは自社にある、となれば即（すなわ）ち最大限のリスクが計算できるということ。その範囲内で行動すればいい。

株式公開の準備作業を通して、ぼくは次々といろんなことを学んでいった。

経営計画を作る

経営には目標と計画が絶対に不可欠だ。三年の中期経営計画を作ったのは初めてだったので、どうせ作るなら最終形が見えるくらいまでの長期計画を作るべきだと考え、経営計画を練り上げてみた。ユニクロの標準店を計画通り百店舗出店できれば、三百億円以上の売上が可能となり、その先の一千億円以上の売上も夢ではない。それもそんなに遠い将来の夢ではないと思えた。偶然の一致か、リミテッド、ホームデポ、ウォルマートの成長の軌跡を見て、十年前に自分がつくったこの成長計画が現在の売上高の三千億円と一致した。

ぼくは社員に「高い志や目標をもて」とよくいう。人は安定を求めるようになるとそこで成長が止まってしまう。高い目標を掲げて、それにむかって実行努力することこそ重要なのだ。目標は低すぎてはいけない。到底無理だと思われる目標でも、綿密に計画をたて、それを紙に書き、実行の足跡とつねに比較し、修正していく。そうすれば大概なことはうまくいく。大事なのはあきらめないことだ。

オリンピック選手は常に世界新を目指して、それなりの努力をしている。言いかえれば世界新を更新することを目指して日々努力しなければ、絶対に世界新記録は生れない。同様に、短期・中期・長期の経営計画を作るときも、決して手を抜かず、高い目標を掲げるべきだと考えている。

関係会社を整理する

当時、関係会社としては、ユニクロ店舗の販売代行会社、店舗の内外装設計会社、香港（ホンコン）のバイイング会社、株主関連の会社（不動産賃貸）があり、それぞれ当社と取引があった。

安本先生にこう言われた。「上場するということは、新しく株主になってくれる人にもわかりやすくガラス張りの経営ができなければいけないということです。関係会社が多いと、外部からではどんな取引をしているのかよくわからない。一番基本は、関係会社がないこと。関係会社があると、そこと不当な取引をしていなくとも、どんな取引をしているのかの開示が必要になるし、面倒な申請書類を余分に書くことになります。このようなリスク情報があり過ぎると株主は手を引きます。投資したいと思わないものです」

親戚（しんせき）が絡（から）んだ資産管理会社的な会社の整理が、なかでも一番時間がかかったが、一年半ですべての会社を整理した。

銀行取引と担保

日本の会社の資金調達は、銀行からの間接金融が主だ。会社は創業者個人の資金がなければ、銀行借入をする。しかし、銀行は担保がなければ貸してくれない。

九一年九月のチェーン展開宣言の前後にメインバンクへ出向き、「三年間で毎年三十店舗ずつ作って百店舗にしてから上場したいので、資金を貸してほしい」とお願いした。最初は了解してくれていたが、一年経って九二年八月期の決算が固まったころから様子が変わってきた。九一年八月期の売上高は七十二億円、経常利益は三億五千万円。九二年八月期の売上高は百四十三億円、経常利益は九億二千万円だった。

バブル崩壊の真っ只中で、その銀行の融資先が何社か倒産したのだ。そこで当社も同じ目にあうことを恐れられてしまい、支店長が「もうそろそろこの辺で出店を中止したほうがいいのではないか」と言い始めた。

三年で百店舗作るということで銀行に了解してもらったのだし、業績も好調なのに銀行の都合で計画を変更するつもりはないので、そう言いに行った。しかし支店長は「いや、うちはもうこれ以上援助できないから、ほかの銀行を当たってほしい」という。ぼくはその言葉をそのまま受けとって、ほかのいくつかの銀行に融資をお願いしに行った。その際、担保設定や融資金額の詳細をこうしてほしいというプランを自分で書いていき、二行がその条件でＯＫしてくれた。

今度は、メインバンクに戻り、「他の銀行に依頼に行ったら、借りられることになった。担保の一部を抜いて他の銀行に差し入れたいので了承してほしい」と言ったら、支店長は烈火のごとく怒った。こちらは言われたとおり正直に行動したのに、なぜ怒鳴られなくてはいけないのか。支店長が、その場で言った言葉は今でも忘れられない。「生命保険会社に自分から出かけて行って、生命保険に入れてくれという人はいませんよ」。支店長が「ほかの銀行へ行け」と言ったのは、自分のところの銀行を介して、ほかの銀行に相談に行けというような意味だったのだ。

支店長はその後、ぼくを説得するようにと取締役の菅さんを何度も呼びつけたり、安本先生あてに、「新規出店を中止し、安定軌道に乗せる管理体制を作るよう社長を説得してほしい」旨(むね)の長い文章をファックスしたり、電話をしてきたとも聞いた。ぼくのところにも文章をファックスしてきた。

「銀行は普通の会社とは違う。勘違いしないでほしい。信頼には信頼を持って接するべきだ」。要約するとこうなる。ぼくは銀行には金利をちゃんと払っているし、取引としては対等の関係にあるのではないかと考えていたのに、実態はどうも違うようだ。銀行からみると、融資先企業は自分の子会社のような感覚なのではないか、だから、銀行の言うことは絶対聞かないといけない、と考えているのではなかろうか。そう思えてならない。

支店長はとうとう、資金を引き上げるとか、第三者割り当てで引き受けてもらう予定の出資もやめる、と言い出したので、銀行本部の担当役員に相談にいったり、銀行の関連会社のリース会社にも行った。そのリース会社のリース残高は当時、銀行本体の融資残高より多いくらいになっていた。銀行は引くに引けない状況もあったと思うが、結果的には、いやいやであっても資金を引き上げることはなく、上場時までつきあってくれた。いま思えば、非常によい経験をしたし、その支店長はぼくにとってのよい教師だったのかもしれない。少なくとも「今に見てろ。絶対に成長してやる」というガッツの源を作ってくれたのだから。

今までの話は、当社に限った特別な出来事だが、銀行取引には、株式公開準備作業だけの重要ポイントがある。

出店資金は、回転差資金と銀行借入に頼っていた。銀行借入には当然担保がつきもの。これは日本の銀行の悪い習慣だと思うが、「会社」が銀行から借り入れるのに「個人」が全額を連帯保証しなくてはいけない。逆に、株式公開するとなると、こんどは個人保証を全部解いてもらう必要がある。会社の借入金に個人保証しているということは、会社と個人の区別ができていないため、株式公開には不向き、と判断されるのだ。

これは、会社が公開基準に達し、ほぼＯＫとなるまで許してもらえなかったが、個人にとっては非常にうれしい出来事だった。

やはり、借金しているということは、常に銀行を気にしながら仕事をしていて、すべて銀行に従属してしまうような感覚が生まれる。会社経営で失敗すれば即、個人の生活が破滅することもありうる。個人の生活と企業経営をきちっと区別すること、さらに言えば公私混同を避けることこそ重要なのだ。

人材を固める

株式公開準備といっても、社内に誰も経験者がいるわけではない。会社の業務を機能別・目的別に分けて、組織・業務体系を作り上げること自体はじめてと言っていい。車の両輪である商品部と店舗運営部は、ある程度人がそろっていたものの、管理部門にはまったく人がいない。

一般的には、チェーン展開し始めると、店舗が増えるに従って本部人員が徐々に肥大化していく。それは絶対に避けたかった。たとえ国家でさえ、国力が上がっても「小さな政府」でいるべきだ。しかし、直接カネを生むわけではない管理部門の重要性は理解していた。これもバランスをとりながら実行するしかない。必要最小限の中途採用や異動によって管理部門の充実もなんとかしのいだ。皆、その場その場で一生懸命やってくれた。いま考えると、野蛮なやり方だっただろうが、もし優秀なひとが大勢いたらかえっていろんな迷いが生じ、株式公開がうまくいかなかったかもしれない。

当時は、決まりきった会議という会議がなかった。ぼくが歩いていくところでいつでもどこでも会議をやり、そこで結論を出し、ただちに実行、といった雰囲気だった。ワンテーブルミーティングと呼んでいた。スピードが命だ。のんびりしていたら年間三十店舗開店は無理。店はオープンしているので土日も休まず、に近い状態が続いた。

情報システムを作る

店舗のレジと自前のコンピュータを使った販売時点情報管理システム、いわゆる

POSシステムを導入したのは、一九八八年七月のことだった。直営店舗十二店、FC店三店のときだ。それまではコンピュータメーカーのデータセンターに情報処理をお願いしていた。

店舗の売上情報を即座に本部に吸い上げるのだが、最初にシステムに組み入れたのはせいぜい数十店舗までの仕組み。売上トップ三〇、一〇〇などの情報を即座につかみ、各方面に指示する。今後百店舗以上になるとすれば現状のシステムでは不十分なので、新システムを導入することにした。大規模にチェーン展開するには、反復継続した売上データをいかに早く分析して、商品投入、店舗間振り替え、売価変更などにつなげるかが勝負の分かれ目となる。これればかりはコンピュータがないとできない。これからが数字による管理の始まりだった。

販売情報や在庫情報などの基幹システム（血液）の整備だけでなく、情報伝達の仕組み、メールやデータの共有など神経系統の拡充もコンピュータと通信の発展があってこそ可能だ。店舗と本部が対等の立場で情報交換でき、時には、店長が本部のミスにきびしく反応し怒鳴り込むぐらいの良い意味での緊張関係を保つためにも、情報システム作りは経営の大事な仕事だ。

MD

資金、人材、情報システムが整っていても、肝心の商品に魅力がなければ何の意味もなく、利益も上げられない。その商品の方向性、質、量を決めるマーチャンダイジング（MD）の改革も急ピッチで進めた。商品の仕入れ中心だったときは、商品の購買担当者をバイヤーと呼んだが、自分たちで商品を作ろうということになり、担当部門と担当者の名称もMDに変更した。

チェーン店というのは、どの店に行っても同じ値段の同じ商品がおいてあって、同じサービスを提供できるもの。そのような体制にしなくてはいけない。カジュアルウエアを作って売るためには、お客様の望むものを売りたいし、自分たちが売りたいものを作りたい。そして、作ったら即売れる、そんな生産と販売が完全にリンクした体制にしたい。これが当社の目指す最終形だと決めた。この当たり前に聞こえることがなかなか難しいのだが、順次できることからはじめていった。

アメリカやイギリスの先進国の企業が衣料品のチェーン展開をしていて、それらはすべて参考になった。アメリカのベンチャー企業が短期間でゼロから数千億円、何兆円という売上と年率二百%、三百%という成長をしているのに、こんなに経済活動のための環境に恵まれた日本においてできないわけがない。それを証明したいと考えた。

日本でも一時期、チェーン展開して一世を風靡(ふうび)したファッションメーカーがいくつかあったが、経営者不在で倒産した会社もある。そこはデザイナーが経営者であり、自らが良いと思った商品を作るだけで後は作りっぱなしだった。良い商品を作った上で、それを全部売り切って利益を上げていこうという仕組みを作ることを怠ったのだと思う。デザインとかクリエイティブという面では非常に優れていたが、経営という面からは、経営ごっこといわざるを得ない。反面教師となった。

不安なこと

人もいない、物もない、カネもない状態で借金に頼って三年計画を作り、実行し始めてから自信満々だったかと言えば、しばらくの間は不安でたまらなかった。この商品は売れるだろうか、店にお客様が入っているだろうかと、本部での仕事や出張の合間をみて、よく店舗の状況を自分の目で確かめに行ったものだ。すべてが心配ではあったが、実行し前へ進むしか手がなかったので迷いはなかった。

不安といえば、九一年十二月から九三年六月くらいまでずっと続いていた問題は、銀行からの借入れがなかなかうまく進まなかったことだ。資金ショートを起こしてしまうのではないかと思った時もあった。ぼくや父親の個人資産が全部担保に入っている状態なので、その評価を見直しして、少しでも余分に借り入れをしたかった。しかし、すでに銀行の支店長の決裁権限を超えているので、なかなか実行してくれない。ちょっとでも資金繰りがずれたりすると、危険な状態になる。新店オープン時期は決まっているので、敷金保証金や建設協力金も約束どおり振り込まねばならない。徐々に地方銀行から他の銀行に乗り換えていくきっかけとなった。薄氷を踏む思いという、文字通りの状態だった。

良い立地とは

小売業は立地がすべてだ、といわれることがある。確かに重要な要素ではある。しかし、良い立地は賃料が高い。物販でも飲食業でも、良い立地条件の要素は変わらない。

ロードサイド店舗で良い立地とは、店舗前の人や車の通行量が多い、アクセスしやすい、間口が広い、遠くから見て視認性が高い、などいろいろあるが、そういう場所は家賃が高く当社は出店できなかった。ロードサイドショップのブームになっていたので、いい道から一本入ったところとか、裏通りとか、ちょっと欠陥があって値段が安い場所に出店するケースが多かった。静岡市に初めて出店した場所（静岡草薙(くさなぎ)店）は、幹線道路から横道に入った田んぼの真ん中にあった。本当に大丈夫かな、と思ったが、売上のあがる店になった。

良い立地に無理して出店しても賃料が高いと、売れているときはいいのだが、売れなくなったとたんに、もたなくなる。われわれの力に見合った立地、それが良い立地ということなのだろう。

標準店舗の規模も、いくつかの変遷(へんせん)を遂げ、しだいに大きくなっていった。最初のころは八十坪から百坪程度のもの。その次が百二十～三十坪で、それが百五十坪ぐらいになり、それから二百坪になって、現在は二百～三百坪ぐらいの規模で出店している。出店に絡(から)む法律などの規制が緩和されてきたこともあるし、われわれの店舗の認知度もあがっていき、良い立地条件で借りやすくなったこともあった。

店舗開発は外部者の協力を仰ぐ

店舗開発は、出店候補地を見つけてくるところから仕事が始まる。当社には初めそのような担当者はいなかったが、最低限必要だと考え、西日本と東日本に一人ずつの担当をおいた。当時から多店舗展開している企業のなかで、担当者数は少ないほうだったと思う。それが可能になったのは、成長過程において大和ハウス工業という建設会社との連携が奏効した結果だと思う。

ただ、最初のうちは、実績がないのでなかなか物件を紹介してもらえなかった。二十数件申し込んでやっと一件紹介されるといった程度。最初の紹介案件は九州一号店だったと思うが、ひどい立地であった。店舗が完成し、オープンの当日、紹介してくれた営業所の所長が朝六時のオープン前に来てくれた。オープンなのに、お客様が並んでいない。「えらく緩いオープンですね」と言われ、思わず「あなたのところで紹介してきた物件でしょう」と言い返してしまいそうになった。

やはり、信用も実績もない会社は、そういった悪い立地から出店していき、悪い立地を紹介されてもめげることなく付き合い、やがては良い立地を紹介してもらえるように実績と良い人間関係を作っていくしかない、と覚悟を決めた。

徐々に新規出店が軌道に乗り始めると、今度は当社への紹介を優先してくれるようになり、良い立地を紹介してもらえるようになった。わざわざ当社の専属部門を作って対応してくれた時期もあった。現在の出店開発のやり方とは異なるが、当社が売上高一千億円程度になるところまでチェーン展開できたのは、やはり大和ハウス工業のお陰だったと思う。

いよいよ広証へ上場

一九九二年四月には、最後の紳士服店を閉鎖し、すべてが郊外型ユニクロ店舗のみとなった。一号店や初期のころのテナント店はすべて閉鎖した。「一号店は思い入れの詰まった創業店だから残そう」という感情論の入り込む余地はなかった。このとき直営店五十三店、ＦＣ店七店。九三年八月末には直営店八十三店、ＦＣ店七店で売上高二百五十億円、経常利益二十一億円となっていた。

九四年三月には、宇部市郊外の山のなか、大字善和（おおあざよしわ）というところに本社社屋を建設し、移転した。その前の本社が細長いペンシルビルで、四階を一日に何回も往復しなければならず、効率が悪かった。ワンフロアですべての社員を見渡せる建物がいいと以前から思ってもいたのでそれを実現した。初めての自社物件、外観は倉庫そのものである。

同年四月には直営店が予定の百店舗を超え、百九店舗となった。株式公開申請の審査は順調に進み、五月の初旬に広島証券取引所からOKをもらい、中国財務局からのヒアリングも無事に済み、フランスの革命記念日と同じ七月十四日に上場することができた。入札で決められた公募の株価も七千二百円の高値となり、一夜で百三十四億円という大量の資金が会社に入金されてきた。これで資金繰りの心配をしなくてもよくなった。

戦略や会社方針が分かりやすく、成長性も高いと投資家や証券会社から評価をいただき、買い気配ばかりで初日には株価がつかず、翌日に持ち越す異例な事態となった。当日の記者会見で、公開しても値がつかなかったことには「ウチらしくてよかった。それほど期待が大きいということで、逆にファイトがわいてきます」と答える。翌十五日についた初値は一万四千九百円だった。

スタートラインに立った、と思った。近い将来、日本市場に海外の企業がこぞってやってくる。ますます競争が激しくなる。店舗が百を超え、株式も公開し、やっと国体の選手になれたが、これからは世界市場、オリンピックに出場したい。どこまでも挑戦だ。

広証に上場した直後から、今度は東証だ、という目標を掲げ、二年九ヶ月後の九七年四月には東証二部に上場する。それから一年十ヶ月後の九九年二月には東証一部に指定された。

関東への出店

出店地域は、愛知県、福岡県、兵庫県、佐賀県、岐阜県、熊本県という具合に拡大していった。関東地方に初出店したのは九四年四月、千葉市緑区の千葉緑店だった。ところがぜんぜん売れなかった。当時ぼくは、オープンのたびにすべての店に立ち会っていた。しかし朝六時にオープンしたら誰も人が並んでいない。これはだめだな、と思って帰った記憶がある。関東圏のスタートは厳しいものだった。現在のオープン時とは違い、どの新しい地域に進出しても似たようなもので、関東はとくに認知度が低く、売れなくて当然だな、と思った。

関東に限らずどの地域でもそうなのだが、続けて何十店か出していくと、ブレークスルーするポイントがやってくる。そこから急にバーンと売上が伸びることがある。関東圏では、なかなかブレークしなかったが、やはり九八年十一月の原宿店オープンがそのポイントになった。

関東圏初出店から四年半の間は、茨城、千葉、埼玉などの環状16号線の外側に出店していたので、東京ではまったく知名度がない。関東は人口が多いのに何で売れないのか、と思っていた。やがてわかってきたのはこういうことである。関東の人は関西人に比べ、あまり実質を重んじない。安いだけでは飛びつかない。商品を見て、もしいやだったら、文句を言わずに店に来なくなる。関東人にとって、わが社は関西から来たディスカウンターだと見られていた。証券アナリストにもそのような見方をする人がいた。ディスカウンター＝「安かろう悪かろう」の商品、というイメージを持つ人が多かったということだろう。

のちに北海道にはじめてオープンしたときにも、まったく売れずに苦労した。関東と似た地域だと思った。

ユニクロブランドへの統一

商品の生産をメーカーに委託していると、どうしても単価が安いため、彼らも儲けようとして手を抜くことがある。商社に委託しても結局はメーカーに丸投げして、生産管理まで徹底しようとしない。実際にどんなものができあがってくるのかわからない。商社に委託するといっても最初から思い通り取引してくれるわけではなく、実績をつけ与信枠（取引してくれる金額の限度）を徐々に広げていってもらう努力もした。

自分たちで仕様を決め、工場まで出向いて生産管理をやらないと、品質は絶対によくならない。低価格で高品質の商品を本気で作ろうとしたら、自分たちで最初から最後までやらざるをえないのである。よく考えればあたりまえのことなのだが、日本では誰も実行していないことだった。今だに「ユニクロの高品質なんて口先だけだろう。こんな低価格でできるはずがない」と仰しゃる方がいる。それは、これまでの衣料品流通の常識からすれば当然の感想である。その常識を変えたのがユニクロであり、低価格高品質に満足し実感してくれるのは、実際にユニクロを買って、着てくださるお客様しかいないのだ。

しかし、最初のうちは、現在ほど品質も高くなかった。お客様にアンケートをとると、ユニクロで買ったことがわからないようにタグを切るという方さえいた。ユニクロオリジナルもほとんどなかったが、店舗の拡大とともに徐々にふやしていき、全商品をユニクロブランドに統一したのは、やはり九八年に原宿店を出したころだった。フリースの成功の陰には、低価格高品質のユニクロブランドで全商品を統一できたという環境の整備もあったと思う。

ユニクロの商品の認知度を高めるために、広証上場直後から始めたことがある。それは次の三つだった。

・購入後三ヶ月は理由を問わずに返品交換します。

・広告商品の品切れを防止します。万一品切れの場合は、即取り寄せるか、代替商品を手配します。

・いつでも気分よく買い物をしていただくためにクリンリネス（清潔・整頓）の徹底した売り場を作ります。

世界の優良小売業はとっくにやっていることではあった。しかし、日本ではまだめずらしく、テレビで報道されたりもした。自店で売ったものに責任を持つのは当然のことだ。むしろ、返品交換はお客様からの貴重な情報源と考えて積極的に実施した。返品交換率は若干上がったものの、社内で心配していたほどには至らず、返品商品の原因究明と改善策の実施によって、品質向上の具体的なきっかけになった。

商品企画だけを取り上げても、服であれ何であれ物をつくるということは、ひとつ間違えたら商品価値はゼロになる。作った経験がないわれわれが作っていくのだから、ボタンの位置がちょっとずれたり、すぐにボタンがとれたり、というアクシデントもあった。表地を裏地に使ってしまったり、裏地を表地に使ってしまったりする。工場は中国などの外国だ。日本でも工場と打ち合わせを重ねながら作るのはたいへんなのに、外国ではなおさらである。失敗はしょっちゅうだった。

九五年十月には全国紙や週刊誌に「ユニクロの悪口言って一〇〇万円」という広告を出した。へたにコンサルタントなどに聞くより、直接お客様に不満を聞いたほうが早いと考え、やってみた。集った「悪口」は一万通弱。ほとんどが品質へのクレームだった。

「上下千九百円のトレーナー、一回洗ったら糸がほどけた。二回目は脇に穴があいた。もう買いに行かへん」「Tシャツを一度洗っただけなのに、首のところが伸びた」など、読んでいると気分が落ち込んだが、その当時の私たちの商品の到達水準を知る上では非常に役立った。自分たちが送り出した商品の失敗を直視し、研究し、改善する。失敗の連続だったが、そこから次の成功の芽を導き出す。ユニクロの品質向上には、現場で学んだ失敗の数々が大きく寄与している。つねに「現場を知る」ことこそ、経営の原点だと今も考えている。

NYデザイン子会社の失敗

広証に上場した年の一九九四年の十二月、米国ニューヨークにデザイン・情報収集機能強化のため百%子会社インプレスニューヨーク社を設立した。

ニューヨークで情報収集と商品企画をして、大阪の商品事務所や山口本社で新商品を具体的に設計する。そして中国などの海外メーカーに製造委託する、こんなモデル作りを実行した。

九五年の秋口にこの子会社がデザインした商品が本格投入された。ところが、見事に失敗した。モノトーンの全般的に暗い色調の商品は受け入れられず、あまり売れなかった。ニューヨーク現地のデザイナーと大阪・山口のそれぞれの担当者のコミュニケーションが、うまくとれていなかったことが失敗の原因だったと思う。

九六年十一月には東京都渋谷区に商品事務所を作ったので、NY、東京、大阪、山口の四ヶ所に商品企画の機能が分散していた。四ヶ所での情報交換と情報共有は難しい。このままやっていてもうまくいきそうにない、企画開発体制を東京に一本化すべきということで、デザイン子会社は設立から三年半で解散した。今から思えば、ぼく自身もそうだし、皆も素人（しろうと）集団だったという感じがする。しかし、やってみなければわからなかった。その失敗に学び、次に生かす。商品企画と販売の連動の重要性についても、このような大きな失敗から学んだことのひとつである。

VM社の子会社化での教訓

九六年十月、東京にあった株式会社ヴァンミニ（VM社と略す）という子供服の企画開発販売会社に出資し、持分八十五％所有で子会社化した。

商品自体は非常に良いものだった。この会社自体、ヴァンヂャケット（ＶＪ社と略す）から暖簾（のれん）分けされた形で設立されていて、経営者も同社出身だった。

ところが、ＶＭ社が商標権を取得した時点からＶＪ社との関係がおかしくなり、ＶＭ社が別の新ブランド販売を発表した時点で、ＶＪ社から不正競争防止法による商標使用差し止めの仮処分申請が出された。

当社は、ＶＭ社の当時の社長や担当の顧問弁理士が「法律上は大丈夫、問題ない」と主張していたのを鵜呑（うの）みにして、子会社化したのが間違いだった。裁判は負け見通しであり、会社の損益構造自体も改善されず、赤字の状態が続いていた。やむなく出資から八ヶ月でＶＭ社の全店舗を閉鎖し、商標権管理だけの会社にしたあと、清算した。

しかし、子供服をこの会社のブランド名でやっていたことが、現在のユニクロの子供用ウエアであるキッズの原型、土台を作った。その意味では、これも次の成功につなげることのできた失敗だった。会社は清算しても、有能なデザイナーは残ってくれた。むしろ、よいきっかけを作ったといえよう。

このように、かつては他社のブランドを借りて（ロイヤリティを支払って）、自社の企画で作った商品が少なくなかったのである。チャンピオン、リーボック、エルビスプレスリー、バッドボーイなどもそうだった。このやり方は継続できなかったという意味では失敗かもしれない。しかしユニクロブランドへの統一に一役も二役もかっているとすれば、良い経験をつんだという意味で、その後の大きな飛躍に結びつく必須の通過点だった。

スポクロ、ファミクロの失敗

ユニクロの服は普段着、カジュアルウエアなのだが、スポーツウエアに近いものが多い。並行輸入したものやナショナルブランドに委託して作った商品でも、スポーツウエアメーカーのものがよく売れていた。

スポーツウエアとカジュアルウエアの境が無いのであれば、普段着としても着られるスポーツウエアばかりを集める方法もあるのではないか。スポーツシューズまで含め、スポーツカジュアルを売る業態を作ったらどうかと考え、新たなショップをスタートさせた。店名を「スポクロ」とした。

一方、ユニクロの服はユニセックス中心でやってきたとはいえ、婦人服や子供服も増えていき、ファミリーで着るような商品も多かった。そこで、ファミリーカジュアルを扱う店を始めた。こちらは店名を「ファミクロ」とした。

一年ほどの準備期間を経て、一九九七年十月にそれぞれ九店舗ずつ出店した。しかし、スポクロ十七店舗とファミクロ十八店舗まで作ったときに中止を決めた。出店から一年も経たないうちにこの新たな業態をやめ、ユニクロ店に転換したり、後継テナントを見つけて後始末したのである。

結果的に、スポクロ、ファミクロともに売上が予算に達しなかったのが撤退の最大の理由である。失敗の原因は、ユニクロ商品との違いが明確に打ち出せなかったことばかりではなく、スポクロ、ファミクロ店の品揃えのためにユニクロ店の商品を廻したせいでユニクロ店の商品自体に欠品が出始め、両方とも中途半端になってしまったのだ。お客様の立場で見ると、本来なら一ヶ所で済むところを三ヶ所の店舗を回る必要が出てしまった、ということでもあった。こんな不便なことはない。独りよがりの商売だった。

失敗からの立ち直り

このように、九八年の原宿店オープンに漕ぎつける前は、失敗の連続だった。いずれにせよ、新しい事業は、そもそも失敗することが多いのである。やってみないと分からないことが多いからだ。事業計画をきちっと作っても、ほとんどそのとおりに進まないことのほうが多い。しかし、この失敗を生かすも殺すも経営姿勢次第である。失敗は誰にとっても嫌なものだ。目の前につきつけられる結果から目を逸らし、あるいは蓋をして葬り去りたい気持ちにもなるだろう。しかし、蓋をしたら最後、必ず同じ種類の失敗を繰り返すことになる。失敗は単なる傷ではない。失敗には次につながる成功の芽が潜んでいるものだ。したがって、実行しながら考えて、修正していけばよい。危機につながるような致命的な失敗は絶対にしてはならないが、実行して失敗するのは、実行もせず、分析ばかりしてグズグズしているよりよほどよい。失敗の経験は身につく学習効果として財産になる。

問題は、失敗と判断したときに「すぐに撤退」できるかどうかだ。儲からないと判断したら、その事業を継続すべきでないのは誰にでも理解できるはず。撤退もスピードが大事である。短期間のうちに撤退後の方針を決め、人員の再配置を決める。だらだらしていたらその分、損が膨らんでいくばかりだ。失敗に学ぶことと、リカバリーのスピード。これが何より大切である。

成長過程での人材補強

人材は経営資源のなかでももっとも重要だ。広証に上場後は比較的、人材を採用しやすくなった。一九九七年四月に東証二部に上場したあとは、十一月に直営店が三百店を超え、大企業からの転職者が驚くほど増えていった。会社の急成長にあわせて、実力主義人事、業績にリンクした給与体系など、徐々に体系化し実行してきたものが実り、既存の大企業で働き続けるよりも当社の環境のほうが彼らには魅力的に見えるようになったのだと思う。

当社に転職してくるのは、商社、メーカー、コンサルタント、コンピュータメーカー、サービス業など異業種からのケースが多い。われわれもそれは大歓迎だ。異業種の人のほうが、この業界の常識にとらわれずに、「なぜだろう」「どうしてだろう」と原理原則から取り組むことができるからだ。同業種だと、「こうなっているのが当たり前」と見なして、無理・無駄の存在する現状を肯定しながら進もうとする。改革には現状否定が欠かせない。わが社には自分で本当に考え、判断できる人、さらに言えば「働かされる人」ではなく「経営ができる人」が必要なのだ。

会社の規模や質は、社長の器で決まるとよくいわれる。ぼくは自分自身のことを頭が良くないと思っている。ということは、この説と自己評価が正しければ会社自体の発展性がないことになる。それでは困るのだ。人材募集は当然、ぼくよりも頭の良い人たちに来てもらうためでもあった。

人材募集についても失敗した経験がある。新聞などに募集広告を多く出した時も、結果は散々だった。最悪だったのは、「社長・役員募集」という広告を出したときだった。当社の求めている人材と正反対の人たちばかりが来てしまったのだ。役員という安楽な身分が保証されていると勘違いしたり、単に「役職者」になりたいだけの能天気な人ばかりが来た。バリバリ仕事をしたい人に来て欲しいのに、まったく逆効果だった。しかし、長い目でみればその広告効果は大きかった。当社が経営者になれる人材を広く求めていることが世の中に知れ渡ったからだ。

現役員・執行役員の半数以上が、知り合いの口コミや、入社した人の紹介で採用した人たちだ。一九九七年五月には沢田君（この翌年十一月に取締役副社長就任。二〇〇二年五月退任）が入社、九八年九月に堂前君（現常務取締役）、同年十月には森田君（現常務取締役）が入社している。現社長の玉塚君は、一九九八年十二月に入社したが、もともとＩＢＭにいてサプライチェーン・マネジメントの営業で当社を訪問したのがきっかけだった。ぼくよりも頭の良い、有能な人ばかりである。紹介しきれないが、執行役員もみんな優秀だ。

創業期から急成長期へ移るところまでは、ぼく一人の力でも何とか成長することができた。しかし、当社が世界的な企業を目指すには、規模の拡大とともに、個人の力ではなく、専門経営者チームの時代へ移行すべきだと考えていた。

会社の創業期には、いろいろな人が入社してくる。中小企業のレベルでは、会社という「バス」に乗り込む人をそれほど選抜できないのが現実だ。会社が成長していくに従って、目標や経営方針が明確になり、経営理念を共有化できる人を選抜するようになる。創業期から勤める役員や社員で、会社の成長に合わせて一緒に成長していこうとする人はよいが、そうでない人もいる。

一億円の商売と十億円の商売は違うし、百億円の商売も当然やり方が違ってくる。

古くからいる役員や社員でも、売上が一千億円を超えた時点から、「もっと上を目指したいので、これからはこういう考え方・やり方でやってほしい」と要求すると、何かその人を追い詰めているような気がしたものだ。経営執行から卒業させてほしい、ということで監査役になった浦さんや岩村君はそんなタイプ。苦しそうに仕事をしている姿をみるのがつらかったこともあり、いまはホッとしている。

ぼくの右腕の専務取締役だった菅さんにしても、ご本人の身体の調子が悪かったのがきっかけとはいえ、どんどんハードル（目標値）を高く設定していくぼくの姿勢と部下たちとの間にはさまれて、コミュニケーション不足の面も手伝い、結果的には九八年十一月に退任している。ぼくのように号令をかけるのは簡単だが、それを実行していく部下たちは非常にたいへんだと分かっている。よくやってくれたと思う。

古参の社員で東証上場後、徐々に辞めていった人もいるが、彼らは上場前から従業員持株会に参加して自社株を持っていたため、株高の影響もあってハッピーリタイヤメントをしたと思う。

事業を始めるときには、ぼくはいつも最終形を考えるようにしている。こうあるべきという目標を定め、それに向かって行動することが大事。誤解を恐れずに言えば、到達できるかどうかはあまり問題ではないのだ。人は高い目標があるほど頑張ろうと努力する。低い目標だったら努力しないのではないかと思う。経営の中枢(ちゅうすう)部にいた人でも、ぼくの考えていることは論理的に理解できても、皮膚感覚として理解できない、あるいは、(見方によっては)変わり身が早すぎてついていくのがやっと、ということもあったと思う。しかし、とにかく高い目標を掲げた仕事を一生懸命やってもらい、結果を出してくれた。その折々に本当にいい人材が次々に集まってきてくれたと思う。彼らには深く感謝している。

一般的に、成長している企業には、ある時期、ある時期で必要な人が、必然的に集まってくる。自分の会社には人材がいないとぼやく経営者が結構多いようだが、それはおかしい。本気で集める努力を怠っていると思うし、人材以前の問題がその会社にはあるはずだ。

「伝える」ではなく「伝わる」広告宣伝

人材がいないとき、あるいは社内に人材を抱えられないときには外部者に協力を仰ぐのに限る。求めていればめぐり会えるのは人材ばかりではない。広告宣伝もそうだった。ある限られた地域で知ってもらう段階から、全国的に知ってもらう時期にいたるまで、その時々で協力者は現われるものだ。

広告宣伝の重要性は、ユニクロ一号店をオープンする当初から意識していた。知らない土地へ行って商売しようと考えたら、広告しなければお客様は誰も来てくれない。これは当たり前のことである。また、仮にある程度有名になったとしても、その都度広告宣伝しなければお客様は来てくれないと思っている。

初期は、西部読連という広告代理店に依頼していた。現在、当社の社員である江口さんが、西部読連の山口支社長になり立ての頃だった。しかも、ぼくと同年齢。ぼくも将来会社を大きくしていきたいと考えていたこともあり、お互いに「どうやって新聞折込チラシを作るのか」とか「新聞広告はどうすべきか」ということを研究しながらやってきた。彼は社外の人間だったときも、本当に一生懸命やってくれたし、当社に入社してくれてからも相変わらずやってくれている。

キャッチコピーを自分で考えたこともある。コピーライターにも依頼した。オープン時のお客様アンケート調査も、しばらくの間、外部の方に依頼していた。

ユニクロ一号店のときから、ラジオやテレビでのコマーシャルを始めた。これがユニクロの広告がマスマーケットにかなり波及したな、と手応(てごた)えを感じた最初だった。

広島というわれわれにとっての大都市で、初めて本格的にテレビや新聞を使いコマーシャルする。他社のCMとは違ったものにしないと、注目されないことは分かっていたので、自分たちなりに知恵を絞り工夫した。うまくいってくれ、と祈るような気持ちで作ったのを覚えている。

インパクトが強いという意味でいうと、ユニクロ数店の関東進出を機に流したCMが強烈にユニクロを印象付けたといえよう。一九九四年秋のことである。関西のおばちゃんがユニクロのレジの前で、「この服、気に入らんから交換して」と言いながら服を脱ぐCMだ。

電通のなかのキンチョールや富士通のCMを作っているチームにお願いした。完成したものを見たとき、社内では意見が真っ二つに分かれた。「こんなものは絶対に放映すべきではない」という反対派が優勢だった。「放映したら危険だ」という強硬意見もあったが、ほかのパターンは作っていない。ぼくは内心、傑作だと思っていたが、意見は言わなかった。そのころすでに入社していた江口さんも本当に困った顔をしていた。結局その場での意見統一はできず、時間切れとなりイチかバチかでオンエアした。するとたちまち、ものすごい反響があった。

テレビのワイドショーや娯楽番組もわざわざCMを流して取り上げてくれた。自分の姿を見るようでいやだとか、食事中にみていて吐き気がしたなどの中年ご婦人からのクレームも相次ぎ、女性の人権擁護団体からのクレームもいただいた。九月から十二月までの放映予定だったのだが、結局十一月に中止した。六人のパターンがあったが、何本か放映していないものがある。知名度を上げるという意味では大成功だったが、マイナス面もあった。はっきり結果が出たのは、売上向上にはすぐに結びつかなかったということだった。

フリースのテレビコマーシャル

売上に結びついたテレビCMといえば、やはり九九年秋冬のフリースのコマーシャルで、山崎まさよしさんを起用したものだろう。アメリカのワイデン&ケネディ社のクリエイター、ジョン・ジェイ氏との出会いが大きかった。

彼は、かつてニューヨークのデパート、ブルーミングデールズの広告宣伝部長だったが、ワイデン社に誘われて入社し、ナイキ社のCMを担当するようになっていた。ナイキのCMはインパクトのある素晴しいものだった。

日本の広告代理店にお願いすると、どうしても日本的な発想から抜けきれず、本質的なコマーシャルが作れない。われわれの目指すもの、お客様に届ける商品の本質を広く訴えるためには、外国の広告代理店で外国人を起用しないといけないと思っていた。そして、あるコンサルタントの紹介でジョン氏に会った。当時は、ワイデン社が日本支社を作り、ジョン氏が支社長として日本に来たばかりのころで、九八年十一月、オープン直後の原宿店を見に来てくれた。

話しているうちに、この人だったら当社の考え方を理解し、どういうことを視聴者にアピールしなければいけないのかを教えてくれると思った。その後、アメリカのオレゴン州ポートランド本社まで行き、正式にCM制作を依頼した。九九年十月に開いた「ユニクロ二〇〇〇年春物商品展示会およびファーストリテイリング事業戦略記者会見」には社長のダン・ワイデン氏、ジョン・ジェイ氏を招き、彼らを当社のパートナーとして二百名近いマスコミ関係者に紹介した。

ジョン・ジェイ氏はデパートの宣伝部出身なので、ファッションや小売に精通していた。普通のクリエイターは、担当する会社の業務をほとんど理解していないことが多い。彼は、「現在の日本のテレビCFはまったくダメだ」という。自分たちの言いたいことばかり言っている。大きい音を出したり、おもしろおかしくやったりして奇をてらいすぎである。視聴者に敬意を表していないものでは、言いたいことは伝わらない――ジョン・ジェイ氏の批判は鋭く、厳しい。

ユニクロの広告は視聴者に敬意を表して、見ている皆さんのインテレクチュアルな部分に頼るものにしたい。一方的に伝えるのではなく結果的にきちんと「伝わる」ようにしよう。そういう広告を作ろうということになった。広告の本質を知っている彼はすごいと思った。

日本中にあふれている雑誌の類も、読む人にまったく敬意を表していないのではないか。編集者側に表面的な商業主義が蔓延していて、読み手に対する敬意を持った雑誌が少ないと感じる。刹那的に人目をひくのではなく、書き手や誌面のクオリティを高めるのが発信者側の責任だと思う。

当社の商品であるカジュアルウエアももちろん同じだ。安い価格でいかに手抜きなく手間暇かけてまじめに服をつくる努力をするかが当社の責任であり、品質を高める努力は、お客様への敬意に他ならない。

広告は実質がともなっていないと、広告そのものが無駄になる。実質が十あったとすると、それこそがセールスポイントであり、その実質をうまくつく広告をすれば、十のものが二十になる効果がある。広告は実質とのターボエンジンみたいなものだ。

しかし絶対に実質がともなわないとダメなのだ。

現代人は情報によって行動することが多い。良い商品を置いておくだけでは売れない。どこがどのように「良い」のか、このプライスで、どこで、いつから売っています、とちゃんと告知しなければいけない。ユニクロ一号店を開店した二十年前と今とでは、世の中に流通している情報量は四百倍程度になっているという記事を読んだばかりだ。テレビ、新聞、ラジオ、インターネット、雑誌などからひっきりなしに大量の情報が入ってくるようになった。だからこそ、的確で実質の伴った情報を伝えなければいけない。

フリースのCFについては第Ⅲ章で詳しく触れる。このチームでその後も何本かのCFを作ってから、止むを得ない理由でジョン・ジェイ氏との仕事ができなくなったが、同じチームでやっていたアート・ディレクターのタナカノリユキ氏が引き続き、今でもクリエイティブを担当してくれている。

余談だが、不思議な因縁話を一つ。

二〇〇二年に設立したユニクロデザイン研究室長の多田裕さんは、ニューヨーク、パリ、ロンドンのイッセイミヤケ社長だった人だが、その草創期にニューヨークのブルーミングデールズに三宅一生ブランドを売り込みに行ったことがある。そのときジヨン・ジェイ氏に会っていたのだという。それを知ったときには、世の中は本当に狭いと感じたものだ。

商品の品質を高める努力

次は「実質」の話、商品の品質を高めることに戻そう。

服には、ブランド品の〝高くて良い服〟と、ノーブランドの〝安くて悪い服〟の二通りしかないとほとんどの人たちが考えている。われわれはこの既成概念を打ち破ろう、と取り組んだのは前にも述べたとおりだ。〝安くて良い服〟を作るためには、企画段階から生産、物流、販売にいたるまで自社ですべてをコントロールできないといけない。効率よく、無駄を排して、着る人の立場から価格も品質も満足していただける服を作る。

そして、流行や小手先のデザインよりも、日常を快適に過ごせる、老若男女誰でも着られる、しっかりしたベーシックな普段着こそ、多くの皆さんが求めているものではないか。そもそもボタンダウンシャツは若い人用とか、プレーンなセーターは年配の人用といった発想自体が間違いなのだ。カジュアルウエアの市場は巨大である。そのマスのボリュームの中で本当にお客様に満足していただける完成品を作るのは、並の企業努力では追いつかない。

当社では、このような考え方のもと、いろいろな段階、経緯を経て、商品の品質を高めるために現在も進行中の「匠プロジェクト」をスタートさせるにいたった。

商品を自分たちで作るといっても、最初のうちは中国などの生産委託工場に行って帰ってくる出張ベースのやり方だった。しかし、生産管理まで踏み込むにはそんなペースではダメだった。九九年四月には上海、九月には広州に生産管理事務所を作り、担当者を常駐させた。

日本の品質基準で生産してもらおうと思ったら、日本と同じような生産方式でやらないといけない。生産技術の向上が必須だ。それでは技術指導する人はどうするか。繊維産業が衰退し始めた日本には、年配の熟練技術者の方々が活躍する場がなくなりつつあった。そのような人に技術指導を依頼したら、ぜひやりたいと次々と名乗りをあげてくれた。彼らにとっても生きがいになったし、中国の工場にとっても彼らの努力が実って技術が向上し、品質が良くなるという効果がめきめき現われた。

最初のうちは、中国の工場サイドは「自分たちはしっかりやっている、余計なお世話だ」と思っていて導入を嫌がったのだが、指導してくれたことが本当に役立つことだと分かり始めると、ガラリと態度が変わった。品質が向上すれば、当社以外の企業にも売ることができるようになるのだから、当然の結果である。本当に良い服を作ることができれば、世界中の企業から発注が来るようになるのだ。

実は、このような腕のある職人さんたちに再登板してもらう試みは当社のオリジナルの方法ではない。しかし、以前にやられていたことは、商社の資本が入っている工場に、商社がメーカーの熟練技術者を採用し、工場へ指導に送り込むものだった。商社のために良いものを作れよ、という一方通行の技術指導で、工場じたいの発展をもたらすものではなかった。

大切なのは、自分たちでもっと良い商品を作りたい、できれば日本以上に良いものを作りたい、自分たちの持つ技術を伝えていきたいという願いをもつ人たちに、それを欲している人たちのいる場所に行ってもらい、〝一緒に働く〟ということなのだ。

二〇〇一年、中国での展開のために現地の会社と「合作」で作ったファーストリテイリングの中国子会社の代表者は、林君という。翌年十一月に当社の取締役にも就任した。彼は中国から日本へ留学してきた。大学を卒業後、当社に入社し、店舗作業や店長経験を経ている。同じような経歴を持つ人が数人いて、彼らが中国に戻り、この

「匠プロジェクト」を支えた力は大きいと思う。当社の経営理念を理解している社員が、現地の人たちと中国語でコミュニケーションがとれる。縫製、染色などのいろいろな技術力を持った人、生産管理のできる人もいる。これがユニクロが中国で短期間に軌道に乗った理由だと思う。

中国では三十歳代から四十歳代前半の経営者の工場の製品が、特に良い。経営者の成長意欲は旺盛で仕事熱心、その意欲が働いている人たちにも乗り移っている。

人件費が高い現在の日本では、繊維産業、とくに縫製のような労働集約的な産業はもうやっていけない。労働者自体の確保もできない。もし、継続してそのような産業をやりたいのであれば、労働集約的な産業が一番評価される場所・国に行ってやらないと成功しないだろう。

人材は経営者の手足ではない

いまここに、優秀なワンマン経営者がいるとしよう。売上や利益を上げるために、規模を拡大しようとするとき、彼はどうするか。とにかく手足になる人を採用しようとする。おれが思ったとおりに行動してくれればよいと考えてしまう。

会社の成長過程からすると、こんな時期も必要かもしれないが、「手足」は手足のままで満足できないはずだ。その人たちはいやだろうし、ぼくもその立場だったら嫌だ。

どんな優秀な経営者で、たとえ小さな会社であったとしても、すべての業務を一人で完璧（かんぺき）に操りフォローできるということはありえない。各業務、各部門の「手足」が同時に「頭脳」でなければうまく仕事が回らないし、完結しないはずだ。

大企業は組織で仕事をする。組織の各階層では、それぞれの部下は上司の指示に従う。最初は「手足」として働き、そのうち徐々に「頭脳」に昇進していくという構図。そういう仕事のやり方が普通だとしてやってきた従来の考えから抜けきれない人たちには理解しがたいかもしれないが、どんな組織でも「手足」だけの人間は不要だと思う。

実はぼくにも「手足」だけが必要だと思った時期があった。何でも自分ひとりで考えたほうが、即断即決で早い。競争に打ち勝ち成長するためにはそのほうが合理的と思えたのだ。

それは九一年九月以降、一年に三十店舗ずつオープンさせないと会社がつぶれると思っていた時期だった。それまで社員教育らしいことをしたことがなかったので、研修を専門にしているコンサルタントに一度来てもらい、本部社員向けに研修会をやってもらった。その先生が皆に、「トップダウンでやるよりも、社員一人一人が考えて実行するほうが大事だ。上司に言われることをやるだけではだめ」という趣旨のことを話したのを聞き、ぼくは「それは違うでしょう」と言って、その場で喰ってかかってしまった。

やろうと決めたらその瞬間にそのとおり実行されないと、つぶれる。生きるか死ぬかの勝負をしていた時期だったので、ボトムアップをしている時間的な余裕はまったく無かった。彼の指導法は、成長過程を経て安定期に入ったころの企業には有効だったかもしれない。企業には成長のステージごとに最適の教育が必要なのだ。九〇年代前半のユニクロは、一人一人の社員が発想してやっていたら、進路や方向性を失っていたはずだ。トップダウンの体制でなければ、次々と高くなるハードルをのり越えることは難しかったと思う。

そんな時期を経てきたぼくは、徐々に会社の規模が増大していくのをみて、このままのワンマンな経営スタイルではやがて行き詰ってしまうだろうと考えるようになっていった。

一千億円の壁

九四年七月に広証に上場して資金的な余裕が生まれ、生きるか死ぬかの状況から脱したのはよいが、日本国内だけでなく世界で戦える企業にしたかったので、出店スピードを緩めることはできない。九五年八月期は売上高四百八十七億円、経常利益四十五億三千万円、期末店舗数百七十六店、また続く九六年八月期の売上高は六百億円となったが、経常利益は四十五億七千万円と、かろうじて前期より四千万円多いだけの決算となった。既存店売上高が前期比で七％以上ダウンし、在庫も膨らんでしまった。この期末には二百二十九店舗となっていた。

売上規模だけは増えたが、利益の成長が止まってしまった。このあとも新規出店を続けたので売上高だけは増えるが、利益の増え方が鈍化した。ニューヨーク子会社のデザインした商品の失敗、スポクロやファミクロの失敗などが重なり、直営三百店舗を超える九七年十一月あたりから、店舗で働く人たちの顔が見えなくなってきたと感じてもいた。働く人々の顔、ということはお客様の顔ということでもある。すでに電子メールでどの部署ともやりとりできるようになっていたとはいえ、現場の状況が見えないのは経営にとっての致命傷になりかねない。思っていたとおり一千億円の壁が大きく立ちはだかっていた。

お客様の視点に立って、会社の仕組み全部を一から作り直さないとダメになる。早く手を打たなければ深刻な事態になる、と考えた。そこでスタートしたのが、九八年六月からのオール・ベター・チェンジ（ABC）改革だった。ABC……とアルファベットの最初からすべてを見直し改革するという意味も込めていた。改革の効果は比較的早く現れたのではないかと思う。このABC改革が九八年十月からのフリースキャンペーンと十一月の原宿店オープンの成功に一役買ったところもあったはずだ。九九年八月期の売上高は一千億円の壁を超え、一千百十億円、経常利益は百四十一億円、店舗数三百六十八店となった。ABC改革はこのあと二年以上続けたが、今現在でも改革は形を変えながら継続しており、常にその途上にある。改革の最終的な答えはまだ出ていないと思っている。

ABC改革のポイントをまとめると次のようになる。

「FR（ファーストリテイリング）のイノベーション。作った商品をいかに売るかではなく、売れる商品をいかに早く特定し、作るかに業務の焦点を合わせる」

「マーケティングを徹底し、マーチャンダイジングと連動して〝売れる理由〟を売り場で表現することに全エネルギーを集中する」

「個店対応、SKU管理（色やサイズ別の商品管理）を、最初の企画生産から最終の販売まで徹底し、ムダの排除をする」

ABC改革運動の具体的な施策は、いくつかにまとめられる。
1　中国の委託生産工場の集約……それまで百四十社近くに膨れていた工場数を四十社ほどに絞らせてもらった。一社あたりの生産ボリュームが増えたことで素材と縫製の品質が向上し、この後のサプライチェーンマネジメントへの前進の足がかりとなった。
2　専門経営者グループへの移行……ぼく一人のワンマン体制ではダメで、プロ経営者の集団で意見形成をしながら経営をすべきと考え、ぼくよりも頭の良い人々に数多く入社してもらった。彼らは、ぼくのような現場たたき上げの人間とは異なった思考ができる。多様な考え方のぶつかり合いから最適な回答を見つけながら進まないと、次のステージへのブレークスルーができないと考えた。
3　店舗の運営思想の大転換……チェーン展開する初期は本部主導型（中央集権）でよいが、これを続けていると店舗が本部の指示待ちになり、販売機会ロスが増える。店舗の自主性を尊重し、「自立と自律」を促すように仕組みも変えていく。店長の見本となるような「スーパースター店長」の制度も作った。

4　ニュープロトタイプの構築……新しい店舗、売り場、商品をゼロから考えなおす。

5　デザインオフィスを原宿一ヶ所に統合した。

6　業績にリンクした給与体系を整備した。

7　雑誌とのタイアップ、駅・電車中吊り（なかづ）広告や品質を問う広告など、様々な宣伝政策を展開した。

8　一週間単位の会議体を確立した。

お客様の視点での改革は、お客様に一番近い場所である店舗の考え方の改革ということに行き着く。この店舗運営思想の転換は、現場への影響が一番大きかったと思う。多店舗展開あるいはチェーン展開していく初期のころは、如何（いか）に標準店をローコストで多く出店し、どの店にいっても同じプライスの同じ商品が並び、同じサービスが受けられるようにするかに力点が置かれる。つまり本部にすべての「頭脳」があって、店舗は本部が決めたマニュアル通り動く「手足」となるのが理想形だった。店舗を出すということは、単純化すると「金太郎飴」をどんどん作ることに通ずる。ＡＢＣ改革ではその正反対を要求したのだから、店舗の側が困惑するのは当然かもしれない。でも、このままでは現状を打破できないとすれば、変更するのは当然の試みといえよう。本部が偉いのではなく、お客様との接点の最前線である現場こそが重要なのだ。

店舗によっては、気候風土の差により売れるタイミングの違いがあるし、売れるものが若干異なる。店舗も同じ形ばかりではないし、レイアウトの差もあり、すべて予定通り同じ位置に同じように並べられるわけではない。店舗社員・アルバイトも最適な「人時（延べ人数と勤務時間の積）」を考えて配置する。どういう発注をして商品在庫を持つか、どのようにして店に並べ、どうやって売り切るかを店舗ごとに考えるのだ。店長にそういった権限も持たせ、給与も業績に連動させる。全ての店長のお手本となるような店長をスーパースター店長と名付け、改革をスタートさせた。

店からの「気づき」を本部へどんどん伝える。商品のここはもっとああしてほしい、こうしないと売れない。店で働く自分たちがそのように感じたのであれば、お客様はもっと感じているはず。これは、いますぐに伝えて直してもらわなければ――店からの連絡が直接品質向上につながる。すべての店舗に頭脳があり、商品を売らされるのではなく、商品にコミットし、自分で売る感覚を日常化する。これが実現すれば、コンピュータ管理と人間の頭脳が連動した〃生きたシステム〃になる。

何でも言い合える雰囲気

当社は一週間単位でいろんな会議をやっている。毎週、月曜日と火曜日にまとめていくつかの目的の会議を開く。会議で、もし最後まで何もしゃべらない人がいたら、ぼくは「何も発言しないのであれば、もう次回から出席しなくて結構です」と言うことにしている。会議とは、読んで字のごとし、会して議論して決めるべき場所。だから、参加者は活発に発言する。会議は会議の場だけではない。いつでも、どこでも自然発生的な会議をしている。その場ですぐに議論して、すぐに決めて実行するためだ。誰でも臨機応変に自分の意見を言い合えないと、対応の遅れが会社にとって致命傷になることがあるのだ。

一番いい会社というのは、「社長の言っていることがそのとおり行われない会社」ではないかとぼくは思う。社長の言っていることを「すべて」真に受けて実行していたら、会社は間違いなくつぶれる。

表面的に社長の言うことを聞くのではなく、まずは社長が言いたいことの本質を理解すべきなのだ。現場では自分なりにその本質を見極めどう具体化するかを考える。そして、実行する。これができる会社がほんとうに立派な会社である。

表面的な、あるいは形式的なことを重んじる大会社は、社長が言ったとおり、寸分たがわず実行している。それでは単なる帳尻(ちょうじり)合わせにすぎない。それで失敗している会社が多いような気がする。もっと、社内で誰もが何でも発言できる雰囲気をつくることが必要だと思う。

ぼくも「自分の都合」ばかり考えて会議で意見を言うことがある。しかし、異業種からきてくれた多種多様の個性ある人たちと議論し、「会社にとってより良いこと」とは何か、課題の優先順位は何かなど、ぼくとはまったく違う見方からの発言や提案を聞くと、もう一度考え直さないといけないかなと、はっと気づくことがある。

ぼくのような現場たたき上げの人間は方法論についてあまり勉強していないので、自分の考えを相手に伝えるとか、問題点をまとめたり整理したりして分析することが苦手なのだ。逆に、彼らはそれがうまい。経営者というのは、自分で考えたり、方向性を打ち出していたとしても、幹部や社員にわかりやすく伝えて、真意を説明し、その相手に納得してもらったうえで仕事をしてもらわなければいけない。ぼくが普段言っていることはほとんどが舌足らずで、断言口調だ。「お客様が考えずに買える売り場」や「単純明快な売り場」を作ってください、とか「HELP YOURSELFの実現」というような言い方しかできない。これでは気持ちは伝わるかもしれないが、ぼくが考えている骨格の一部分しか伝わっていないと思う。かみくだいて実現可能な道筋をつけるには、彼らのようなパートナーが必要だ。

毎年公表される大卒予定者就職希望ランキング、この上位に小売業が載ったためしがない。小売業は昔からある産業で、労働集約的な仕事ととられがちなため人気がないのだ。当社のように「若いうちから経営をやってみませんか」などと言う企業は、ほとんどないだろう。

既存の小売業のイメージは、一歩一歩やっていって、ちょうどくたびれたころ経営者になる、その頃にはエネルギーを使い果たしそこでお終い、ではないだろうか。他の産業にくらべても現場主義が非常に強い。いい意味の現場主義であればいいのだが、実際は悪い意味の現場主義あるいは、徒弟制度そのもののスタイルが横行している。階段を踏んで一歩一歩上にいかないといけないという保守的で封建的な観点や意識が強い。

当社はその対極にある。若いうちに最大のエネルギーを発揮する環境を作る、経営者の能力を持っている人ならどんどん経営者の仲間になってもらう。急成長したために、結果的に集団経営体制となったところがあるかもしれないが、当社の目指す方向は間違っていないと思う。

必然性のないところには、人は集まらない。こういう人に来てもらいたいと心底思っていたら、それは必ず伝わるものだ。志のある人も真剣に探している。情報化社会のありがたさでもあろうが、会社が真剣に自己改革し前進していれば、そういう情報は「思い」として必ず伝わるのだ。必要な人が求められているところに集ってくる。会社と個人が緊張感ある対等の関係をもつわれわれの会社は、革新的小売業であることはもちろんだが、日本社会で持続されてきた旧来の会社と個人の関係を根本的に変えることで、〝会社の発展〟と〝個人の幸福〟を同時に実現させたいと考えている。その目的を達成するために日々改革を進めているのだ。

Ⅲ　急成長からの転換

ブランド確立の夢を果たすため原宿出店

　ぼくはユニクロを、アメリカのリミテッド、ギャップ、イギリスのネクストなどに比肩(ひけん)できる、その国を代表するようなファッションのチェーンストアあるいはSPA（製造小売業）にしたいと願っていた。それは、会社が小さかったころからの夢だった。

　レスリー・ウエックスナー会長が率いるリミテッドは、一九八〇年代の中盤に急成長をとげ、短期間のうちに売上高一兆円となった。あるいはギャップもジーンズやチノパンを爆発的に売り、急成長を遂げブランドを確立させた。ネクストも、同時代に八年という短期間で売上高二十億円から二千億円となっている。ぼくは日本でも同じことができるのではないかと思っていた。

　ただし、それを成し遂げるには、ブランドを確立することと、他社とはちがうことをやらなければいけないと考えていた。

たまたま取引銀行の関連で、原宿の物件の紹介があった。今まで関東の出店地域は環状16号線の外側が多く、全国展開しているカジュアルウエア専門店チェーンではすでに売上高日本一だったとはいえ、都心での知名度はまったくなかった。したがって、都心部に一店舗作るのであれば、原宿がベストだと思っていた。バブルの崩壊による家賃の低下、同業者の撤退などの要素がかさなり、好機到来と感じていた。

ユニクロ一号店を作る以前にも、原宿がファッションの中心として一度ブームになった八〇年代に社員と物件を探しに行ったが、結局賃料が高すぎて手が出なかった苦い経験を持っている。今度こそ思いを遂げるチャンスだと思ったが、小売業やアパレルの店舗がひしめいているなかで、何か商品を絞って訴えないかぎり、お客様には来ていただけそうにない。

原宿店開店にあわせてやったのは「ユニクロのフリース　¥1900」というコピーのキャンペーンだった。原宿や渋谷駅のポスター、地下鉄の中吊り(なかづ)はすべてこの一点に絞って展開した。ユニクロ原宿店をオープンしたのは一九九八年十一月二十八日。一階から三階まである店舗の一階のフロア全部を、フリースで埋め尽くした。ねらいは見事適中した。お客様が長い行列をつくり、ファッション雑誌やテレビ番組で取り上げてくれるようになり、爆発的な売上になった。

このときに成功した要因を考えてみると、商品を絞り込んだこと、良質な商品を千九百円という手ごろな価格にしたこと、そして新鮮味のある広告宣伝をしたことだろう。これらの連携が三位一体となり、うまくいったのだ。季節がフリースにぴったりだったのも幸いした。また、フリースを目当てに来ていただいたお客様でも、他の商品を買っていただき、驚異的な売上増加につながった。

以前のユニクロの評判やイメージは「安かろう悪かろう」だったが、フリースを買って実際に着てみたら「安いけど、結構いいじゃん」という風向きに変った。われわれの商売のパターンは変わらなかったが、お客様の認識が原宿店出店を境にがらっと変わったのだ。何年もかけて品質の向上や企画・生産・物流の一貫システムなどの精度向上をしてきた努力がこうして実を結び、報われた。

フリースという素材は以前からあったが、それほど一般的ではなかったし、登山やスキー用品店などでは一着一万円以上もする相当高価なアイテムだった。

当社でもフリースは以前から販売していたが、九七年以前に年間八十万点以上の売上になり、まだまだ伸びると判断していた。原宿への進出を機会に、これを前面に打ち出してみようと考えたのだ。原宿店のオープン時、九八年の秋冬は二百万枚、テレビコマーシャルを流すようになった九九年秋冬には六百万枚を計画して実際は八百五十万枚、翌二〇〇〇年の秋冬は五十一色のフリースが勢ぞろいして、千二百万枚を目標のところ実際には二千六百万枚を売り上げた。ユニクロ最大のヒット商品となった。

フリースを手がける

アメリカにモールデンミルズというフリースメーカーがあり、そこで作るポーラフリースが世界一との評判だった。フリースで有名なパタゴニアも同社の素材を使っている。原宿出店以前は、モールデンミルズに当社の企画したフリースを別注して仕入れ、五千九百円と四千九百円の二品種で販売していた。当時は、ユニクロが日本で一番ポーラフリースを輸入している会社だった。

しかし、それでは飽き足りなかった。ポーラフリースと同等以上の商品を作りたい、安価で良質のフリースを作って売りたい。そう考えるようになったのだ。ユニクロの至上命題は、常に低価格高品質を自社の力によって極め、実現することだ。こうして、中国の工場経営者と当社の生産管理担当者の検討が始まった。作ったものの、最初のうちは光沢や保温性、保湿性がポーラフリースより劣っていた。改良を加えつつ、最終的には東レから原料を買い、インドネシアで糸にして、それを中国で織って、染色、縫製する。そんなパターンができた。品質も格段に向上した。数百万点作ることによってフリースの低価格と高品質化が可能になった。

何十種類もカラーをそろえる、という発想も当社では以前からあった。いままでのフリースは、アウトドア専門のフリースであり、赤やネイビーブルーなど色は限られていた。われわれはカジュアルウエアとしてフリースを売るので、一般の人が「楽しく気軽に」買えるよう、色のヴァリエーションを増やした。

そのときはすでにぼく一人のワンマン体制ではなく、沢田君、堂前君、林君などとの共働でマーケティングや生産、物流体制を整えていった。

フリースの商品じたいには自信があったが、当初はそれほど大ブレイクするとは思ってもみなかった。オープン当日は沢田君と二人で「まあ、売れるといいね」ぐらいの気持ちで原宿店へ立会いにいった。ところがお客様がフリース目当てに結構並んでいるので驚いた。商売というのは何でも結果論で、「勝てば官軍」なのだ。成功要因は先ほどふれたものだけでなく、偶然も含めいろんな要素が積み重なっていると思う。

翌年からのフリースブーム

原宿店のオープン日に、前述したワイデン&ケネディ社のジョン・ジェイ氏、企画プロデュース業のシーアイエー社のチェン氏、沢田君、当社への入社間近の玉塚君とぼくで昼食をした。

玉塚君は沢田君から紹介され面接した直後で、入社を決めていたころだ。初めて会ったときはお坊ちゃんみたいで頼りないな、と思ったが、まさかそれから四年後に社長になるとは思ってもいなかった。

ジョン・ジェイ氏との出会いは前にも書いたとおりだが、この日にチェン氏に紹介され初めてお会いした。この一年後の秋にテレビコマーシャルを担当してもらうことになる。

九九年五月、当社はユニクロ・ブランド構築のブレーンとしてワイデン&ケネディ社と契約する。しばらくしてジョン・ジェイ氏は、テレビCFのための画期的なプレゼンテーションをしてくれた。うちのフリースをニューヨークの街角に持っていき、

「この商品はいくらだと思いますか」と通りがかりの人々に聞くというようなフィルムだ。まったく初めて当社のフリースに触れる人たちが「四十ドル」とか「五十ドル」とか言ってくれた。それが千九百円なのだから当時のレートで言えば十五、六ドルという計算になる。彼らの反応は「すぐ買いに行きたい」というストレートなものが多かった。このプレゼンテーションのためのフィルムは、ドキュメントタッチの面白さを狙ったというよりも、われわれのフリースはこのような値打ちがあって、しかも安価であるということを中心にPRしたらどうかという彼らの狙いを伝えたかったのだと思う。

ジョン・ジェイ氏とは、ユニクロの経営理念の共有は言うにおよばず、商品企画の段階から参加してもらい、激論しながら広告戦略をともに練った。

九九年八月に全国紙に出した全面広告では、「ユニクロはなぜ、ジーンズを2900円で売ることができるのか」のコピー。ユニクロが目指すことを仕組みや企業姿勢からアピールした。

九九年秋から、フリースを中心にデニムやストレッチパンツなどの商品を、テレビ、雑誌、電車中吊り広告などを駆使して訴求した。ミュージシャン、俳優、学者や一般人を起用し、個性ある人々の、構えない語りを淡々と流しながら、何をどのように売ろうとしているのかを印象づけた。

なかでもテレビCFは、反響が大きかった。実はプレゼンテーションのときに、社内で激論があったのだ。音楽も商品名の連呼もない、音をできるだけたてない静かなコマーシャルなので、もっと積極的に「千九百円」と声にだして言うか、画面上の文字をもっと大きくしたらどうか、という反対意見だ。

ジョン・ジェイ氏は、「テレビを見ている人たちをもっと尊敬して、彼らのインテリジェンスに期待すべきだ。だから値段のことをしゃべる必要はない。これでぼくらの言いたいことは必ず伝わる」という。

ぼくはこのままでいいと思い、「広告宣伝というのは零点か百点しかない。そのほどよい中間はないと思う。そこから先はもうクリエイターの力なので、表現手段に関して、われわれがとやかく言うべきじゃない。そのかわり、ダメだったら、この次からそのクリエイターとは一緒に仕事をしないということだ」と、異議をとなえる皆に言った。広告は視聴者に到達してこそ広告であり、中途半端(はんぱ)なものは埋没し絶対に到達しない。「到達」とは視聴者が共感してくれて、われわれが伝えたいと考えていることが伝わり、結果が思い通りになるということだ。

結果的に何の変更もせずそのまま放映して大成功をおさめたと思う。発信する側の真意を理解した上で、それを「相手に伝わる」ように解釈して表現する。それが超一流のクリエイターのやることだと感じ入った。のちに、CFクリエイターの同業者がこのCFを話題にして、評価が高かったのを雑誌で読み、我が意を得たりという気分だった。

全部で七、八種類のCFを作ったが、登場する人物選定の基準は「個性的に生きているひと」ということのみ。ジョン・ジェイ氏と組んで仕事をしていたアート・ディレクターのタナカノリユキさんやコピーライターの佐藤澄子さんたちが協議して選んだのだろうが、提案されたほとんどの人にぼくはノーとは言わなかった。

たとえば、ミュージシャンの山崎まさよしさんが登場したテレビCF。フリースを着てギターを引く本人が登場し、「ミュージシャン　27才」とテロップが流れ、彼自身の言葉でしゃべる。最後に「ユニクロのフリース　15色　1900円」とコピーが出るだけ。コマーシャルのためにコピーとして書かれたことを、だれかがセリフとして喋るというのではない。だからこそ彼の人間性が伝わってくるのだ。

前述した関西のおばちゃんCFとは異なって、このCFは売上に貢献しただけでなく、われわれのブランド価値を上げてくれた。単なる小売屋から、「新しい日本の企業」と見られるようになったと思う。九九年十月の既存店売上高は、前年同月と比べて六十%アップした。前年の売上増で、今回テレビCFを効果的に打てばさらに売上が伸びるだろうと確信していたものの、結果は予想していた数字を遥(はる)かに上回った。

広告代理店の機能を使う

日本の広告代理店の力はよくわかっているつもりだ。しかし丸ごと任せてもわれわれが思っているようなCFはできない。広告は広告主がやるもので、クリエイターや広告代理店がやるものではない。広告主が自分たちで企画して作り、一つの機能としてクリエイターや広告宣伝会社を使うという方式でないとうまくいかない。

いままで付き合ってきた日本の広告代理店は、こういうキャンペーンをやるから、ここでこう金を使って、テレビはこの時間帯で、こういうタレントを使うという、話が手段のことばかり。何を伝えたいか、それをどういう方法で伝えるかという、根っこの部分の話はほとんどないことにある時、気づいた。

広告主のことを本当に理解しているクリエイターが、本物の才能を発揮し、適切な媒体を使ってCFを流すことが成功の秘訣(ひけつ)だと思う。主体性のない広告主が、クリエイティビティのない会社に任せて、力まかせに作って宣伝しようとしても成功しない。ワイデン&ケネディ社は媒体の手配を一切せず、完全にクリエイティブだけに徹した広告代理店なので、その「クリエイティブという機能」を我々は買い、媒体手配のときになって初めて電通などを使ったということだ。「機能」に対して相応のお金を支払う、これが経営の原則だ。

広告主の側も代理店まかせにせず、会社の方針や経営理念をきっちりクリエイターに伝え理解してもらう必要がある。これは経営者の責任だ。その上で、どのような意図でこの商品を作り、どこをどう強調するのか、どういうブランドメッセージを伝えたいのかということを指示する。その「思い」を理解してもらったうえで視聴者の側に立って、クリエイターには一種の翻訳作業をしてもらう。ジョン・ジェイ氏にはわれわれの考え方と方向性を徹底的に話して伝えた。彼には本物の才能があったと思っている。

ぼくがジョン・ジェイ氏とともに議論し、伝えた最大のポイントは、「ユニクロは、あらゆる人が良いカジュアルを着られるようにする新しい日本の企業です」というブランドアイデンティティ。このメッセージをお客様に伝えようとして、テレビCFや新聞広告をしたのだ。ぼくが考えてきた「服に個性が必要なのではなく、服はそれを着る人が着こなして初めて個性を発揮するもの」ということが、少しでも伝わったと思う。

日米のクリエイターの違い

かつてジョン・ジェイ氏から聞いた話だが、ニューヨーク在住のファッション界のカメラマンで、一流といわれている人のなかには、日本人は一人もいないという。日本人カメラマンは、ファッション写真を撮るときに、最初から最後まで全部決めてから撮る。たとえば、モデルはこういう構図でこう立って、こうニコッと笑って、という具合。だから出来上がりの写真がものすごくかたくてダメなのだという。アシスタントとしては最高に優秀だが、チーフはできない。

当社はシーズンごとに商品カタログを作っているが、同じような経験をしたことがある。アメリカ人のカメラマンに依頼していたが、彼は撮影現地に行くまで、何も決めない。自分ではスケッチを書いて模索しているようだが、現場でモデルを配置して、適当に動かしてみて、そこで最高のものを撮ろうとする。日本人カメラマンのときは、最初から構図を決めてその通りに撮っていく。「段取り重視」は効率的な側面もあるが、形式的になりすぎることがあり、クリエイティブな世界には向かない方法だ。七十点は取れるが、百点は取れない。

ジョン・ジェイ氏が依頼されて日本のデザイン専門学校へ講義に行ったときのこと。教室に入ったときに彼は、「学生がみんな硬い表情で、いかにも勉強するぞ、といった雰囲気」を感じ、これではダメだと思い、缶ビールを買って来てもらい全員に配った。硬かった表情がやがて一変し、教室が自由闊達(かったつ)な議論ができる「場」に生まれかわったという。クリエイティブな仕事をする人は、もっと自由に、いろんな発想をしながら仕事をしなければいけない、という臨機応変のスタイルを彼は学生に教えたかったのだと思う。

先ほどのテレビCFについて言えば、登場人物に生き様や本音をサラリと自然に語らせるのには、仕掛けがあった。

実は、カメラに映らないところからテリー伊藤さんが質問しているのだ。テリーさんは著書や対談集でも分かるとおり、相手の本音を引き出すのがじつに巧みだ。ジョン・ジェイ氏とウマが合い、CF制作現場で本音を引き出せるような質問ができるのは彼しかいない、ということになったようだ。最初、テリーさんが質問しながらCF

を撮るという話を聞いたときは、危険なんじゃないか、何か過激でめちゃくちゃなフィルムができるのではないかと心配になった。でも結果は杞憂に終わり、すばらしい出来となり、あらためてジョン・ジェイ氏の能力に脱帽したのである。

フリースブームで大増産

九八年十月からのフリースキャンペーン、十一月の原宿店オープンから当社は蘇った。様々な失敗のあと、並行輸入品の取り扱い廃止と店頭販売商品のアイテム数の徹底した絞込みを行ない、四百アイテムほどあったものを二百アイテム前後にした。

前述したように九九年八月期では、売上高が一千億円を超え、一千百十億円、経常利益は百四十一億円となる。九〇年八月期売上高五十一億円と比べると約二十二倍、店舗数は二十七店が三百六十八店になり約十四倍となった。九九年秋冬もフリースを大いに売っていくということで、六百万枚売る目標をたてた。

テレビCFをはじめ、新聞、雑誌九誌との編集タイアップ広告掲載などが効を奏し、すべての商品が売れ始めた。とくにフリースは九九年十月三十、三十一日の土日に、池袋東口店と五反田TOC店がオープンしたこともあり、二日間限定の千二百九十円で販売した。爆発的に売れるというのはこのことで、入場制限して売った店が相次いだ。対応に追われた店舗社員にはそうとう大変な状況が続いたと思う。

通常、予算をたてるときは、前もって下ぶれしたとき、つまり売れなかったらどうするかと同様、上ぶれしたときにどうするかも考えておく。今回は大幅に上ぶれしたわけで、生産が追いつかない。十一月二十六、二十七日には全国紙にフリースの品不足と店頭の混乱をお詫びする「ユニクロのフリース、急いで増産中」というコピーを使った全面「おわび広告」を出すにいたった。もちろん大至急、工場に依頼して増産してもらい、生産する工場も増やして何とか対応した。結果的に、フリースジャケットだけでなくマフラーや手袋も含めて八百五十万枚を売り上げた。

翌二〇〇〇年の秋冬はどうするか、次の課題だ。いろんな取材を受けた。ぼくは当時あるインタビューで「こんなに売れる商材はないし、自信を持っている商品を展開し続けることが大切なので、できればフリースだけで千二百万枚を売りたい」と答えている。

二〇〇〇年四月には直営店舗数が四百店舗を超え四百十七店舗となり、従来の東京事務所を閉鎖し、山口の本社機能を切り分け、渋谷に東京本部を開設した。店舗開発は主に都心型店を集中的に行って、十一月に東西のフラッグシップショップとして渋谷神南店、大阪に梅田店をオープン。翌〇一年四月には直営店舗が五百を超え、五百三店舗となった。

フリースは二〇〇〇年秋冬に二千六百万枚を売り、フリース以外の商品にも力を入れた結果、〇一年八月期は四千百八十五億円の売上高、一千三十二億円の経常利益を上げることができた。

しかし、これ以降は、ユニクロブームの反動と新鮮味のある商品を投入できなかったことにより、決算数字はこれをピークに減少していく。「ユニクロももうお終い」という声が増えていった。ブームに乗ってフリースのみを買った人、高品質を認めてくれたのではなくフリースのついでに他の商品も買ってくれた人、少品種大量生産・販売のためどこでもユニクロを着ている人に会うことに不満を持つ人、これらの人々が同時にユニクロ離れをおこした。二〇〇二年八月期は三千四百十六億円の売上高、五百四十七億円の経常利益となり、大幅な減収減益を記録した。手放しの絶讃記事が手の平を返した論調に変りはじめた。だが、われわれが継続してやっていたのは、企画から生産・物流・販売までの仕組みの精緻化を図り、基盤整備に確実に取り組むことだった。そして現在、高い利益水準を維持しつづけることができる基盤ができた。

二〇〇三年八月単月の既存店売上高は前年同月比六・七%増と二十三ヶ月ぶりに前年を上回り、底打ち傾向となった。環境変化に対応し、絶え間なく自己変革できる柔軟性を身につけ、変更すべきことは即変更し、当たり前のことを当たり前に実行する。われわれのやり方はつねにトライ・アンド・エラー。前進し挑戦あるのみだ。

二十三条の経営理念

当社には経営理念が二十三条ある。これを作った理由は三つ。

どこの会社でも同じだが、勤める個人個人は全部違う人間である。会社の規模が大きくなって人数が増えてくると、違った考え方の人が違ったやり方で仕事をやり始める。そうすると個々の仕事はよいかもしれないが、全体的にまとめるとバラバラで効率が悪い部分が出てくる。それをできるだけ少なくしたい、というのが第一の理由。とくに当社には中途採用の人が多く、それぞれ前の会社や今までの文化を引きずっていることが多い。それが新しい発想を生むこともあるが、マイナス点も見逃せない。我々はこういう方針で経営をやります、という大前提を理解してもらわないと、一緒に仕事することはできないのだ。

二番目の理由は、会社としての考え方をはっきりさせるということ。会社には自発的に就職して自発的に退職するのが原則で、誰かに強制されるものではない。だから人が会社を選ぶのと同時に、会社も人を選ぶ必要がある。そのためにはまず、会社も個人も「自分はこういう考え方だ」と明確に示す必要がある。いかに能力の高い人でも、根本的に考え方の違った人が入社すると、その人にとっても不幸だし会社にとっても不幸である。

会社を経営するうえで一番重要なのは「どういう会社にしたいのか」と、「どういう人たちと一緒に仕事をしたいのか」を明確に示すことだと思う。会社というのは、人にとっての家庭と同じように日常生活の一部なので、いつの間にか「会社に勤める」のが当たり前になり、会社がそこにあることを前提に「惰性で」仕事をするようになる。自分は何のために会社で仕事をしているのかという原点を忘れてしまう。そうならないためにも明確な理念が必要なのだ。これが三つめの理由である。表面上は同じ言葉を話していても、根本的な価値観が違うとどうしてもズレが起こる。同じ目的に向かって進む以上、仕事に対する価値観は統一したい。

この原型を作ったのは、父親の会社に入って全部任されるようになってしばらくした、三十歳頃のことだ。年商数億円で利益はなんとかプラス、つぶれることはないと思うものの、明日はどうなるか分からない。その日を生きるのに必死で、いろいろな本を読んだり、他の会社の話を聞いたりして「いい会社とは、どんな会社か」「いい会社にするためには何が必要か」ということを真剣に考え、ひとつずつ書き出していった。第一条からおおむね重要な順番に、最初は七つぐらいで、毎年次々と追加していって、現在は二十三条あるという具合だ。

なかには五つか六つくらいにまとめたほうがよい、と言ってくる人もいるが、一言とか二言で経営のなんたるかを表現することは不可能だ。

一番目は「顧客の要望に応え、顧客を創造する経営」。これは商売の根本だと思う。お客様がいない限り、商売をやっても無駄。店を開けていればお客様は来て当然、売れるのは当然と考えるのは間違いで、お客様の要望に応えないと売れないし、店も繁盛しない。そして、去年と同じことをやっていたら、お客様はどんどん減っていく。要望に応えて、お客様を作り出していかなければならないのだ。

二番目は「良いアイデアを実行し、世の中を動かし、社会を変革し、社会に貢献する経営」。自分で良いアイデアを持っていて、それを実行する。商品を買ってもらって、それで世の中が動く。その結果として、社会に貢献できる。事業とは、こういうことだと思う。自分ひとりの力では難しくとも、同じ志の人たちと一緒に仕事をしながら社会を変え、社会に貢献しようとするのは会社という組織を使えば可能だ。人と同じことや、社会にあまり影響力のないことをやってもしょうがない。本当に良い企業というのは、ある意味では社会運動に近いものではないかと思う。行き過ぎはよくないが、常に積極的に、外向きで顧客の要望に応えるという原点を忘れなければ、必然的に社会に対する企業としての使命感が醸成されてくると思う。

ぼくは、アメリカのハイテクベンチャーなど最先端企業の急成長に、つねに興味を持ってきた。彼らは自分たちの夢を実現し、社会を変えていった。逆に言えば、社会を変えたいという信念を持っていたために実現できたともいえる。そう意識しない限り、急成長できなかったし、高収益もありえなかったと思う。今までと同じものであれば誰も評価してはくれない。世の中に役立つような商売をやらないと、収益はあがらない。そのために、いい人に会社に入ってもらいたい。単なる金儲けだけだと、いい人は絶対に入ってこない。

三番目以降の経営理念は、本の最後にまとめさせていただいた。次に進む前に読んでくだされば幸いである。

急成長企業は危ういか

かつてのアメリカのハイテク企業の代表といえば、アップルコンピュータ。彼らはそれまでの汎用機時代からパーソナルコンピュータの黎明期を作り出したと思う。「指先で世界を変えた」といえるかもしれない。その後のインテルやマイクロソフトなども、社会を変革していった代表格だろう。

僕も、どうせ会社を経営するのであれば、彼らのやってきたことのように、社会に役立つ、あるいは社会にインパクトを与えるぐらいのことをやらないと、仕事していてもおもしろくない。日本でもやればできるはず。それを証明したいと思っていた。

しかし日本では、「急成長」ということに対しては非常にイメージが悪い。「急成長イコールすぐつぶれる」という公式があるかのようだ。

ハイテク企業だけではなく、ギャップとかリミテッドのように成長を続けてきた企業のほうが、成長しない企業よりもはるかに安定しているし将来性もある。急成長即ち悪というその公式は、良い成長をしてきた会社には当てはまらない。

明確な経営理念を持ち、経営者からすべての社員にいたるまでそれを価値観として共有し、行動する。われわれは社会に対してこういう良いことをやっているのだ、という思いが誇りにつながる。若くて優秀な人ほどこんな意識が高いと思う。

当社の社員のモラルは、決して内向きのものではない。社会貢献あるいは企業の社会的な責任という意識は、どんな大企業にも負けない高さと実質があると思う。建築家の安藤忠雄氏、弁護士の中坊公平氏が中心となって始めた「瀬戸内オリーブ基金」は、店頭で募金活動を展開しているのでお客様にもかなり認知され、御協力もいただいているが、これ以外にもさまざまな活動を行っている。

フリースの回収・リサイクル活動は、二〇〇〇年末から準備し、翌〇一年九月からスタートした。多くのお客様のご理解をいただき着実に効果を上げている。知的発達障害者の社会参加を促すためのスポーツ振興活動「スペシャルオリンピックス」には同年春から参加し、Tシャツなどの物品寄贈や、社員、役員が参加してのボランティア活動を行っている。

また、障害者雇用の面では、〇三年三月現在で三百六十名が健常者と一緒に働いており、全従業員の四％（法定されている雇用率は一・八％）に達している。当初、店舗での障害者雇用について「お客様へのサービスが低下するのでは」という危惧もあったが、かえって障害者の働く店舗のほうが、お客様サービスが向上していったのが実状だ。誰かが困っていたらみんなでカバーするという意識が芽生え、周囲に対する気遣いができるようになった。スペシャルオリンピックスも同じ効果があった。知的発達障害者が一生懸命スポーツに取り組む姿に触れると、ボランティアとして参加した社員も刺激を受け、感激して一緒になって何かをやり遂げようとし始める。これに参加した社員は、ほとんどの人が感激して帰ってくる。マイナスの感想は聞いたことがない。これらの活動は、会社員としての社会性にとどまらず、さらに外へと意識が広がり、企業活動と社会貢献の接点に目が向くようになっていると思う。

これでもまだまだ不足かもしれないが、まず出来ることからやってみることが大事なのだ。もし今、日本の企業が長いトンネルの中にいるとすれば、その根本には社会貢献や社会的責任に対する意識の低さも、目に見えにくい要因の一つとなっているのではないかと思っている。

大企業での不満

日本の大企業や外資系企業でも飽き足らない人たちが、当社には多く入社してきている。彼らの意見はこうだ。

会社に入ったのはいいが、自分の上に偉い人がたくさんいるということ、これが最大の不満。ピラミッド構造の組織では、一番下からスタートしなければならない。無駄なルールが多すぎるし、決りきった融通のきかない情報伝達手段を使わなければいけない。トップまで自分の意思を伝えたいとしたら、何人にも稟議書に判子をもらわなければならない。やる気は次第に削がれてしまう。有能な人であればあるほど「自分はこれだけの能力を持っているのに、そのうちの三割ぐらいしか使ってないぞ」と感じているのではないか。

そういう思いで当社に入社してきて、一気に花開いた人は多い。退職した沢田君にしても玉塚君、森田君、堂前君にしても、普通の企業にとどまっていたら、彼らの年代ではまずは任されそうもない大きな仕事をやっている。既成の大企業のステージで会社を経営する場面に身を置くことは、彼らの年齢を考えたらありえないことだ。おまけに違う業種から来て、まったく経験のない人間が経営に関わるのだから大胆といわれれば大胆なのかもしれない。しかし当社の活力の源はここにある。

やりたいことができるのは、働く喜びだ。若くて優秀な人たちの活動範囲を狭め、やりたいことをやらせないのは宝の持ち腐れであると思う。

頭と実践のバランス

広証、東証二部、一部上場と順調に成長を続けたかに見える当社だが、単に波にのって成長を続けたのではない。その成長の途上にあってもまったく一から会社を作り直さないとダメになると思い、ABC改革などの様々な改革をすすめていった。その過程で、若くて優秀な人をどんどん採用したところ、前述したとおりほとんどが異業種からの転職者だった。

ぼく自身も若くして経営をやりはじめた。その当時の自分と、われわれの会社に入ってくる人たちを比べたら、今の人たちのほうが格段に能力が上だ。ぼくよりも出来る人たちなのだから、異業種であってもやれるのは当然。小売業の経験がないことは何の障害にもならないと思った。

彼らは論理的、理詰めに考えるのが得意だ。ぼく自身の思いを具体的に整理してくれる。一方、ぼくを含め古くからいる社員は、たたき上げの現場育ちばかりだ。このバランスがよかったので効率のいい経営が可能だったのだろう。頭だけで考える人たちに経営陣が偏ってしまっても、危険だ。今後ともこのバランスをうまくとっていくことが、現在進行中の柳井個人商店からの完全脱却のキーになるだろう。

「頭だけで考えて経営することの危険性」ということをもう少し説明しよう。

極論すると、商売というのは実践である。経営も実践。頭だけで考える、あるいは知識先行で考える人は、課題や問題点を全部整理して、優先順位をつけて、「これはこういうことです」という現状分析だけで停止してしまい、実践までたどり着かない。実践できたとしても、実践しながら今度は考えなければいけない。実践しながら考えるというのは、「身体を使う」ということであり、場合によっては単純なことを繰り返してやらないといけないこともある。当然、時間もかかるし、思ったようにいかないことが多い。実践がともなわず頭だけで考えると、すべて机上の空論に終ってしまう恐れがある。もちろん、実践にこだわるあまり、改革を考えられなくなることの愚は言うまでもない。

現場と本部の関係

実践という言葉にもおとし穴はある。仮に将来の幹部候補生だとしても、入社したときに最初はまず店舗に行って現場を見て、そこからスタートするというやり方が一般的かもしれない。当社では違う。必ず決められたパターンのルートで研修する、というやり方はとっていない。そんな形式的なことでは店舗に行ったとしても、その本人が本当に店舗であらゆることを勉強しようと思って行かない限り、本人のためにも会社のためにもならない。〝実践〟はただやればいい、というものではない。

三十代、四十代前半ぐらいまでの人で経営者になりたいと思っている人が、当社へ入ってすぐ店舗に行けと言われたらどうだろうか。慣れないまま店にとってのお荷物になってもしかたない。現場にこりて、他社に行ってしまうかもしれない。その人の経営感覚を育て身につけさせるためには、店舗に行けと命じることはマイナスなのだ。経営をやっていて、自分には現場感覚が足りないなと思ったら、そのときには店舗に行ってもらわないといけない。単に店舗に研修に行くという形式になってしまっては、何の意味もなくなってしまう。

現場からの声で「いつでも本部の人にもっと店舗に来てもらって、店舗の実情を理解してもらいたい」というものがある。しかし、その店舗に行っても、理解しようとする人は理解するが、理解しない人は絶対に理解しない。時間の無駄だ。それよりも反対に、店舗側の人が本部に来て、本部を変えないといけない。お客様の一番近いところにいるのは、店舗の社員たちなのだから。

ここでいう当社の本部は、以前から店舗運営部といったり、店舗経営部、店舗支援部と名称を言い換え、現在は「サポートセンター」と称している。実は、ぼくはこの名称がきらいだ。本部は店舗より偉いのではなく、店舗を支えるものなのだという意味は分かるし、その通りだと思う。だが、なぜか形式的に聞こえる。名称だけで実態がついていかなければ、「本部」という名称で十分だ。

ファーストは即断即決の意味

部門の名称といえば、九一年九月一日に変更した社名について再度触れよう。現場の問題を本部で即断即決するという意味でも、社名の意図するところは重要だ。

アメリカのハイテク企業やファーストフード経営のキーワードは、スピード。早さが決め手である。経営でも「早い」というコンセプトに基づいて、組織や会議体を作らなければならないと考えた。早い＝ファースト（FAST）と小売＝リテイリング（RETAILING）を組み合わせて名付けた背景には、対外的な意味にとどまらず、会社の内側に向けた発信でもあった。

前述したように、いち早くお客様の声を商品化するという意味はもちろんだが、仕事もすぐに決めてすぐに実行する、そうしないとこなしきれない。達成できそうにない目標を立て、やりこなしていこうと決めたので、実行の早さは当然といえば当然かもしれない。

端的に言えば、われわれにとってファーストは即断即決という意味。間違ったり失敗してもいいから、早く判断して早く実践するべきだと思っている。

いま、この「即断即決のスピード」は、広証上場前と比べると落ちている。主因は、組織が大きく複雑になってきたこと。そして、経営者グループとして各役員が責任範囲を分担した結果、意思決定までの調整に時間がかかることだ。もう一度、ファースト・アンド・リテイリングの原点を再認識して、即断即決できるように変えていかなければならないと思っている。

インターネット組織への転換を目指す

ぼくは、コンピュータの進歩と会社組織の進歩は同じようなものなのではないかと思っている。

昔は、中央に汎用コンピュータがあって、それを中心に端末機がいくつもぶらさがっていた。汎用コンピュータが全部計算して、端末機では入力と出力のみ。それがパソコンの時代に移り、クライアントサーバー型になって、サーバー側でもクライアント（パソコン）側でも処理できるという仕組みに変わった。現在はそれにインターネットの技術が加わり、世界中のコンピュータが同時進行可能になった。

会社組織も、中央集権的なものからインターネットのような同時進行可能な組織に変わっていくべきだと思う。インターネットというのは、中心がどこにあるかわからない。それぞれのパソコン（人）が中心で、全部つながっている。誰が何をやっているかお互いに把握でき、目的が同一であれば仕事も同時進行可能になる。当社の組織もそのように進化していってほしいと考えている。

インターネットの特徴は、距離とか時間が圧倒的に短縮されたこと。環境は短縮されたのに、それを活用すべき人が旧来の仕事をする感覚から抜け出せず、距離や時間に対する概念が変わっていない。まだ、昔のままの感覚でいる。作業や仕事が同時進行していない。

しかし、インターネットや現在のハイテクをすべて活用して、人間の仕事に対する意識も方法論も進化していけば、すべての仕事が同時進行で同期化を取りながら、それぞれその仕事に一番ふさわしい人が判断し、ふさわしい人が実行する——これが可能になるのではないだろうか。失敗してもすぐに元の位置に戻って、別の方法でやり直しできる。問題が起きたら、ふさわしい範囲の権限者がすぐに決断し、処理する。こんな会社を目指したいと考えている。

インターネット組織を目指し、それに転換できないと、世界的な企業と戦えないばかりか、次世代への生き残りさえ危うい。現状ではまだまだ、クライアントサーバー型だ。

このインターネット組織に参加している人はそれぞれが中心になりうるが、やはりプロジェクトごとのリーダーは必要だ。参加者の仕事の「判断基準」とやった仕事の

「評価基準」も必要である。それも、全員に周知徹底された明確なものでなければならない。

リーダーは、仕事の内容によって変わると考えたほうがいい。仕事によってリーダーになったり、部下になったりする。ただし、部下といっても従来の概念ではなく、自律あるいは自立しているプロジェクトの構成員といったほうがいい。全員が自立し、それぞれが決められた範囲の仕事に責任をもつだけでなく、全体の仕事にも責任をもつ。リーダー像も、何から何まで指示・命令し、いちいち報告させるタイプではなく、プロジェクトや評価の取りまとめ役の機能を果たし、同時にプレーヤーでなければならない。

「自立」といっても、全体の最適を考慮しながらの自立である。全員が自立しても、孤立してしまったら、皆ばらばらな方向に向いてしまい混乱するだけだ。店舗はすでに一部自立し始めているが、本部の人たちはまだ完全な自立には到っていない。これからの大きな課題である。

全て(すべ)の人たちの仕事の同期をとるには、やはりコンピュータの力を借りなければならないだろう。全員がムダ・ムラ・ムリのない仕事を同時並行でできて、早すぎたり遅すぎたりすると、赤ランプで警告される。どこかで問題が発生すると全員に、同時に、周知される。そんな仕組みが必要だろう。

組織内の人がすべて同期化し、組織の境も無くす

現実の組織あるいは人の集まりには、様々な能力を持った人がいる。十人の組織でも、最高の十人をそろえるのは無理だ。優秀な人が二人、普通の人が六人、足を引っ張るダメな人が二人、これが現実である。仮に十人の優秀な人が集まったとしても、気がつくといつのまにかそんな構造になってしまう。また、ダメな二人を首にしたとしても、残った八人の中でまた、ダメな二人が生れてしまうものだ。

会社組織というのは、優秀な人がいるだけで成長するわけではない。構成員全体のバランスが大事だと思う。優秀な人も必要だし、そうでない人も必要だ。バランスがとれていて、初めて成長するものだ。全員が組織全体の目標を共有化していて、しかも自立しながら仕事をしないと成長しない。

同期化する組織を作ることとは、優秀な人だけを集めなければできないわけではないのだ。優秀かどうかとはまったく関係ないところで求められるべきこともある。それ

は職業倫理を理解し、モラルが高い人たちであることだ。

一人一人が自立して全体のことを考えながら、それぞれの部署の仕事をやっている。お互いの進捗状況を瞬時に判断するような仕組みのなかで、神経がツーカーでつながっている。それをハイテク機械を使っていかに実行するかが、これからのわれわれの新たな挑戦になるだろう。

常時同期化するというのは、いままでは経営学者がよく言う暗黙知、「あうんの呼吸」だったが、これからはそうではない。あらゆるモノに「判断基準」や「評価基準」があって、全員に周知徹底されていて、やった仕事の結果も全部、皆で共有できる。それぞれの評価に関しても、全部公開されている。すべてはっきりと目に見えるものに置き換えていくことが同期化の意味である。

すべての人たちが、一人ずつ〝自営業者〟としてその会社にコミットする。そういう組織を目指すべきだと思う。その大前提として、経営に対する考え方、経営理念が明確に示され、経営者たちが何を考え、何を実行しているのかもオープンになっていることが必要だろう。開かれた活力ある会社にトップダウンのみの一方通行はありえない。

将来は、社内とか社外の区別や境すら意味がなくなり、どこまでを社内でやるべきか、どこから社外の人にやってもらうかなどという線引きもなくなるかもしれない。

Ⅳ　働く人のための組織

マニュアル人間の限界

企業の活性化を左右する人事考課について述べようと思う。その前に、当社がどのように人を増やし、会社の機能がどう分化していったのか、まずは整理してみよう。

当社の歴史をたどると、最初のころは、人の評価どころではなかった。ぼくが入社したあと主だった人たちが辞めてしまったので、何から何まで自分で全部やって、生き残らなければならなかったからだ。

その次は、人を使って商売をやる時代。自分でやり方を考えて、それを人にやってもらう。多店舗化を考え始めてからは、店を出すたびに店長や店舗社員が必要になる。店舗運営、商品仕入などの「機能」を強化していかなくてはならない。ぼくが営業（店舗運営とマーケティング）と商品を仕切っていたら、管理の担当者も必要になってくる。管理といっても経理や財務、人事、情報システム、総務と幅広い。出店開発や販売促進も必要だ。最初のうちは、そんな大勢の人がいるわけではないので、一人何役も掛け持ちだった。

それぞれの機能が大きくなっていって、たとえば商品の仕入担当者であれば、四、五名になったときに商品部と名付けるようになった。機能がその部の名称になっていく。外部の専門家集団やぼく一人でやってきたことも、何人かの社員に分担して仕事をしてもらうようになる。

こうなるとその機能ごとの評価と、会社全体の評価が必要になってくるが、多店舗展開の最初のころは、とにかくマニュアル経営、いわゆる「チェーンストア理論」に則（のっと）った経営をしようとしていたので、機能ごとの評価はまったくやっていなかった。その当時「クッキーカッター」というふうに呼んでいたが、日本語に置き換えれば「金太郎飴（あめ）方式」。まったく同じ店を全国に作っていったので、情報や指揮命令は、すべて中央集権でトップダウン型になっていた。

トップダウン型が徹底するようになると、店舗でも本部でも同様に、決められたことを当然、決められたようにやる。これでは半分オーケーだが、半分はダメだ。毎日、同じことをやることが文化になってきてしまう。同じことを続けると、創意工夫しなくなるし、思考が硬直化する。

店舗の仕事をすべてマニュアル化できるわけではない。だが、非常にささいなことも「マニュアルに書いて欲しい」とか、「それはマニュアルに無いので出来ません」ということが現場で起こってくる。自分で判断し、自分で行動することができなくなる。自分で判断するよりも、本部の方針やマニュアルに従っていたほうが安心だ、自分は作業だけをやっていればいいんだ、という感じにさえ陥ってくる。命令やマニュアルを墨守していると、やがて組織も硬直化する。会社は、軍隊や悪しき官僚組織とは違うのだ。

こんなことがあった。ある雨の降った日に、子供連れのお母さんが店に来て、子供が病気なので電話を貸してほしいと言われた。店長は、お客様には私用電話はお貸しできないという約束事を守り、お断りした。後日、その方のご亭主から本部に電話があり、「御社の経営方針はどうなっているのか。子供が急病になったことを知りながら、電話を貸すのを断るとは何事か」とお叱りを受けた。おっしゃる通りだ。店舗の社員の言動は、やはり常識に反していた。この頃、これに類した話は、何回か起きていた。すべてマニュアルで判断するのではなく、マニュアルにないことに直面した場合、まず「良識」で判断すべきなのだ。マニュアルは原則を書いたもので、本来、仕事の最低標準ラインの底上げのためにある。何度でも言うが、自分で考えて、自分で商売することが大事なのだ。

そもそも有能な人間であれば、仕事に慣れるにしたがい、マニュアルや本部の方針通りやって、仕事がおもしろいはずはない。そのような感覚がなければ店長はつとまらない。

年に二回、全国の店長と本部が一堂に会する「店長コンベンション」を実施している。以前から、自分たちで考えて商売をして成果が得られるようなシステムにすべきである、という声があったので、九九年二月の「店長コンベンション」で発表したのが「スーパースター（SS）店長」という制度である。本部のあり方も、いままでの上意下達的な一方通行を、店舗と本部は双方向、対等であり、しかも商売という場面では店舗が主役で本部がサポート役、そういうあり方に変えなければいけないと考えての新制度導入だった。

店舗中心の運営形態にするため、その前年九八年七月に大幅な組織変更をした。全国を十四ブロックにわけ、ブロックごとに経営リーダーと呼ぶマネージャーを、その下のエリアに数店舗を受け持つスーパーバイザーを配置して、店舗の経営をサポートするようにした。さらに、九九年二月に発表したスーパースター店長制度。最終的にぼくと面接の上、三月に選ばれたのは久留米店の弥永君をはじめとして十六人。彼らには、立地特性やお客様層による発注量の調整と商品陳列、店舗運営、チラシ等の販促を任せることにした。営業利益と賞与を連動させる報酬制度も導入し、賞与は最低ゼロから、最高は一千万円を超える額まであり得ることとなった。

SS店長の裁量次第で店舗の運営はいかようにもできる。最低限、会社の原理原則を守ってくれれば、何でもありだ。自分の考えたとおりに店を経営し、「独立自尊の商売人」を目指してほしい。今現在は、SS店長も四十名ほどにとどまっているが、やがて全国すべての店長がSS店長になってくれることを期待している。

店長は会社の主役だ

SS店長制度は、九八年六月から始めたABC改革の一環だった。オール・ベター・チェンジ（ABC）改革は、前述したとおりすべてのやり方を一から変えていこうとする運動だ。業績が低迷し、このままではダメになってしまうという危機感から生じた改革。作った商品をどうやって売るかではなく、売れる商品をどうやって作るか。売れると分かったらすぐに増産できる体制を作る。ワンマン経営者ではなく、専門経営者チーム全員で経営する。本部主導ではなく、店舗が中心になって活動する。

店長は会社の主役なのだ。

当社の店長は若い。大学を卒業して二年で店長になるとすれば二十四、五歳。二十歳代の人が一番多い。大卒で採用した場合は、男女の別なく全員店長になってもらうという前提である。

一人前の店長になるには経験が必要だ。〇・八人前ぐらいの店長になるのでも二、三年はかかるだろう。そう簡単ではない。業績連動賞与の採用により、年俸ベースでは相当な差がつく。ＳＳ店長やフランチャイズ店長だと三千万円を超える年収になる可能性もある。

ただし、単なる肉体労働ばかりやっていて自分の頭を使わなければ、いつまでも年収三百万円、よくいっても五百〜六百万円ぐらいまでにしかならない。当社の店長とは、知識労働者だと考えている。店長を「店舗という場所で、自分たちの力で付加価値をつけていく人」と定義すれば、三千万円の年収は可能だ。平均でも、一千万円以上取ることはできると思う。

従来の日本の小売業は、売り場の効率が悪くて収入も低い、という暗黙の前提がある。因習と言ってもいいかもしれない。われわれは、今までの小売業の前提を覆し、できればハイテク企業と同じような効率を上げ、同じような年収を取れるようなローテク企業をつくろうとしている。それを実現しようとしたら、実際に商売の最前線に立つ人、つまり店長が知識労働者にならないとダメなのだ。だから、当社の人材教育は、「知識労働者を育成する」ことが必然になる。

店長の上には、かつてエリアマネージャーという上司がいて、店長を管理していた。しかしそれは結局ミニ本部になってしまい、うまく機能しなかった。ミニ本部からの指示を聞いて店長が仕事をするようになってしまった。現在の制度は、店長をサポートしたり、アドバイスしたりする「スーパーバイザー」制にした。あくまで店舗にいる経営者は店長であり、店長が主役の会社にしたい。自律し自立した店長を育成することが経営者の任務だ。

そこで、店長の人事評価を、どのように決めるべきかが次の課題になる。単純に売上だけで決めてはならない。売上があがっても利益が出なければ意味がないし、売上と利益があがっていても、自分の分身とも言える存在を店舗に作ることができないとダメである。早出、遅出、休日など店長が常に店舗にいるわけではないので、店長がいないときのために店長代行者を自ら育成する責任があるのだ。

店長の仕事で重要なのは、人を動かすこと。店舗には三十人から四十人程度の社員がいる。ビシビシと厳しくしすぎてもついてこないし、かと言って指示のし方が悪ければまったく動いてくれない。店長は店舗ではトップだからといって、いばっていてもダメなのだ。お客様のために買っていただける売場環境にしておくことが第一である。掃除や整理・整頓のいきとどいた店内、きびきびとして元気な店舗社員の態度なども非常に重要だ。結局、これらすべてを総合した評価が必要になる。

百%有効な評価方法は常に模索中だが、具体的にはスーパーバイザーが毎月つけている「店長業務チェックリスト」の評価点や、新入社員を店長代理試験に何人合格させることができたかなどを重要な評価ポイントにしている。スーパーバイザーは店長の考課者になると同時に、良い店長を育成できているかどうかの評価も同時に受けている。

店長でいることが最終目標

かつては、店長の次にはスーパーバイザーになるという図式であった。チェーンストア理論によると、店長は出世のステップにすぎない。店長を経てスーパーバイザーになり、今度はその上のブロックリーダーになる。そして本部にあがる。しかし、このやり方ではダメなのである。店長を最高の仕事ととらえ、店長の仕事を全うすれば、本部にいるよりも高収入が得られる。このような仕組みを作らないと、小売業は繁栄しない。

店長が最終目標なのである。そういう意識がないために、店長という職種に対して誇りを持てないのだ。スーパーバイザーとか本部の方が偉い気がしていてはいけない。店長というのは、上の言うことを聞いてそのとおりに店舗運営をやる人だと思っていてはいけないのだ。店舗の自主性ということよりも、本部で全部決めたことを店舗で実行する。考えるのは本部、実行するのは店舗という図式になってしまったら、もう将来性はない。

そうではなく店長が主役で、店長が本当の商売人だという具合にしないといけないのだ。おそらくこの発想は、従来の日本の小売業やチェーンストア理論にはなかったことだろう。

会社はその成長の度合いに応じて、経営構造や業務分担を全部変えていかないと、次の段階への成長はないと思う。ぼくがいつも考えているのは、今の体制や構造でいいかどうかである。疑問に思ったら、しつこくそれを考える。会社のその次はどうなるか、また考える。「いま向かっている方向は間違っている。だから、こういうほうがいのではないか」とまずは警告を発することにしている。ぼくが言った言葉の真意は当初は理解されなくても、徐々に気づくようになる。全員がその意識になって実行されるまでには時間がかかるものだ。このタイミングをみはからって、「こういうふうに変更しましょう」と今度は具体的に指示する。当社はこういったことを繰り返してきた。経営者の役割とはこういうものだとも思う。

本部は、プロか経営者を育てる場

店舗では、店長が出発点であると同時に、店長が最終目標であるということ。店長は自営業者と同様の意識をもって自らの力で店舗を経営する。では、本部はどうだろう。

当社は急成長の過程で、優秀な人たちが数多く入ってきた。頭の良い人たちがチームを組んで、チームで経営するという仕組みを目標にしてきた。いまはまだ、各自が自分の部署内で単独で経営しているのに止まり、それも前に勤めていた会社の経営観を引きずっている。これを捨て連携を強化したチームで全社をみる態勢を整える必要があるが、現在はその途上にあるといえる。

ぼくは自営業者的な自己認識は、本部の人間にも当てはまると思う。自営業者が自立・自律しながら、他の関連部署と「同期化」する。同時並行的に、いかに早く効率よく仕事をして、店舗の助けになるようにするかというのが、本部の役割だと考えている。いまはまさにそれに取り組んでいる真最中である。

当社に中途で多くの人材が入社してきてくれたのは、彼らが将来経営者になりたい、と思ったからだと思う。経営者は机上の勉強だけでは絶対に育成できない。経営者という仕事を実際に体験してみなければ身につかない。英国や中国の法人や、「ＳＫＩＰ」のブランド名でスタートした食品事業を担うエフアール・フーズのような子会社をたくさん作って、そこで実際に経営者をやってもらうようにしたい。素質を持った人を経営者になれる環境に置くということが、やはり優秀な経営者をつくる唯一の道だと思っている。経営者育成はスポーツ選手育成と同じだ。若いうちでないと伸びない。

今の日本の大企業をみてみると、若い人が経営者として活躍する機会がなさ過ぎる。われわれの会社では、若くてもその人が本当にそれだけの能力を持っていたら、相応の職について経営者的な仕事ができる体制になっている。例えば社長の玉塚君、常務取締役の堂前君や森田君、昨年役員になった大笘君と中国子会社代表の林君。彼らはみんな三十歳代から四十歳代前半だ。経営能力のある人にそういう場を与えれば、ほとんどの人はやり遂げられるのではないかと思う。

ただし、気をつけなければいけないこともある。経営は頭で考えただけではダメで、実行がともなわないといけない。頭のいい人は頭だけで考えて、「いい案作ってそれでおしまい」と思ってしまいがちだ。机上の空論では実行できない。実行しながら、気づきながら、どんどん計画を作り変えていく。計画は実行するためのものでなくてはならない。実行しながら「体得」することが一番だ。

本部に入社してくる人は、将来経営者になりたいと考えている人が多いと思うが、そうでない人は本当の意味のプロフェッショナルを目指すべきだろう。どこの会社に行っても通用するその道のプロになるべきだ。広報だったら広報で一生生きるとか、財務だったら財務で一生生きる。そういう本当のプロだ。本部で働くのであれば、経営者かプロのどちらかを目指すということだと思う。

中途半端なゼネラリストやスペシャリストは必要ない

会社によってさまざまな人材育成の方法がある。一つの部門に長くいすぎると専門バカをつくりやすいという理由で、三、四年周期で異動させる会社がある。同じプロになるのでも、何でも知っているゼネラリストを多く育成すべきか、一つのことに専念するスペシャリストを数多く育てるべきかで迷う。

会社には、ゼネラリストとスペシャリストの両方とも必要だとぼくは思っている。両方を育てるべきだというのは、例えば一つの機能や一つのスペシャリティを持っている人だけしかいない会社では、数々の問題は解決しないと思うからだ。

例えば出版社で、編集が得意だといっても、営業のことや流通のこと、印刷や用紙のこと、デザイン、読者のことを知らない限り、編集はできないだろう。本当の編集のプロになろうと思ったら、自分で本作りの周辺にある様々な分野の勉強をしに行くはずだ。ただ同じことを机の上だけで毎日やっているスペシャリストでは、仕事がマンネリ化し発展性がない。それではダメだと思う。

自分はこの仕事に特化してこれで生きていく、という意志がない限り、付加価値は生まれてこない。編集を自分の一生の仕事としてやっていくのであれば、日本一の編集者になろうと思わないといけない。そういうスペシャリストなら、必ずゼネラリスト的な興味や意欲が湧いてくるはずである。

スペシャリストに特化するにしても、ゼネラリストになるにしても、やるべきことは結果的には一緒だと思っている。「ゼネラリストです。ぼくは何でもできます」と言っても、何でも中途半端で中ぐらいの能力だったら何の意味もない。

また、いずれにしても一人では全部の仕事はこなせるはずもない。個々人がそれぞれ得意技を持ちながら、チームで仕事をすることも重要だ。商売の世界は凡人でも非凡な成果が得られる。それは、チームの力だと思う。いろんな才能をもった人たちと組んで仕事をすれば、人数分以上の力が発揮できるはずだ。

百メートルを九秒九で走るのは才能がないと無理だと思うが、みんなでやる商売だと百メートル九秒九で走れる可能性がある。それは、チームを組んで全体のバランスやそれぞれの機能を強化していった結果、方向性さえ間違っていなければ、百メートル九秒九で走れる可能性が出てくるということだ。

チームを組む秘訣(ひけつ)は

チームを組むには、まず、明確な目的や目標が必要だ。スポーツと同じで、ゲームに勝ち、優勝するという目的意識が重要なのだ。今はJFLだが、J2へ、いずれJ1に行くぞ、という強い意志や目的を持つということが大事である。商売でも同じで、まず目的と目標を持って、同じ方向性を目指している人たちがそのチームに入る。それが大きな前提だ。

そして、それぞれのポジション、つまり役割が大事である。野球ならピッチャーやキャッチャー、内外野の守備、打者と打順、サッカーならフォワード、ミッドフィルダー、ディフェンダー、ゴールキーパーという明確な役割がある。与えられたポジションで、自分がその責任範囲を果たせるだけの能力を持たなければいけない。

さらに大事なことは、ルールを熟知するのは当然として、それぞれの同僚や監督の技量や性格を知ることである。お互いが分かり合っていないと、一丸となって一つのことを達成したり、ゴールにボールをけり込むことはできないし、ホームランも打てない。会社経営にも同じことが言える。

会社をスタートさせたばかりの四、五人の時期であれば、言葉や数字などはあまり必要なく、リーダーとしての自分の姿を見せると同時に、ああやってくれとか、こうしてほしいと指示を明確にしていればそれで済む。それが三十人、五十人と大きいチームになると、いつもリーダーが全員の目の前にいるわけではないので、いかにも目の前にいるかのように、チームの基本方針、行動指針、戦略目標などを作って開示しておく。こういう場合はこういうふうにして考えるのが原則ということを教え、共有しておかないとチームとしてうまく動かない。

もちろん経営理念は重要である。何のためにこの会社にいるのか、という基本認識がない限り、そのチーム（会社）に参加することはありえないのだ。

だから、ぼくは人が会社を選ぶ権利があるのと同じように、会社にも人を選ぶ権利があると思っている。そこでお互いに合意した人が、会社に入ってくるのだ。たまたま入社したが、そこの経営理念に共感できず、会社との合意をえられない人は、その人自身にとっても不幸だし会社にとっても不幸なので、できるだけ早く出て行くべきだと思う。チームのメンバーについても、基本認識の共有は不可欠であり、そこに不協和音があったら前進は難しい。

毎日でも変えたい組織図

会社組織は、その会社の事業目的を遂行するためにある。一旦、組織ができあがってしまうと、今度はその組織を維持するために仕事をしているようにみえることがある。何が何でも組織を維持していかなければいけないんだ、という錯覚におちいる。大きな組織になればなるほど、そこを間違える。おそらく組織保存の法則のようなものがあって、組織をつくると上司はそれに安住する方が楽なので、変化を求めず安定を求めていく。会社の環境、顧客や社会情勢が変わると、組織や人員配置を変えなければ対応できないのに、環境などが変わったこと自体を認めなくなるのだ。組織は攻めのためにつくり、守りのためには必要最低限のものしかいらない。常に、組織は仕事をするためにあって、組織のための仕事というのはない、と考えておく必要がある。

当社の組織は、よく変わるといわれる。大企業から転職してきた人にとっては、ひっきりなしに変わっているようにみえるかもしれない。あまりに流動的で組織がないように見える、と言った人もいる。でもそれは誤解だ。まだまだ流動性が足りず、毎日変えたいくらいだ。

本来は、経営者たちがトップダウン方式で組織をこう変えたいというやり方も止めなくてはいけない。逆に部門の長が、情勢が変わったので、この組織をこのように変え、あるいは分解し、このような目的に変更したい、と経営陣に言ってくるようになるべきだと思う。

なかには組織図を見るだけで安心してしまう人がいる。確かに私はこの部署のこにいる。ここにいて、特に部長とかリーダーとか役員を任されると、安住の地だというふうに誤解する。でもそれは、あくまでも「仕事をするための仮の姿」だというふうに思わないといけない。

最初に組織図を書いたのは、九〇年十一月ごろだった。左端に会社の機能を書き、その横にその部門の目的、追求すべき目標・指標・キーワードを、その横に誰にやってもらうかを、最後に一番右端には部署の名前をつけた。この作業には終わりも結論もない。常時、この作業をやり続けないと組織は硬直化し、現実に追いついていかない。組織を作った日がもっとも機能をよく発揮する状態なのであり、古くなればなるほど、現実に合わなくなり、形骸化する。これは避けようのない組織のかかえる宿命である。

ただでさえ小売業は売上の変動が激しい。しかも当社は急成長してきた。そんな会社であれば、なおさら絶えず組織を改革していく必要がある。そうしないと知らぬ間に機能不全になって、全体が死を迎えることになる。

したがって、人の異動についても、硬直化を排し、柔軟な対応をとるように考えている。しかし、組織変更にともなってよく異動する人と、ほとんど異動しない人の二種類がいる。当社の組織は非常にフラットで、部長・リーダー・社員（チームの構成員）の三段階しかないが、チームリーダーに関してもその例外ではない。

異動は人事役員会で決めているが、本人がこういう仕事をやりたいと申し出れば異動できるケースもある。役員や人事部に申し出てかまわない。また、社内公募制という制度があってメールで全店舗と本部全員に「今度この部門を新設しますので、希望者がいたら応募してください」と呼びかけるのである。

さらに、年に二度、本人からの自己申告制度もある。いまはこの仕事をやっているが、どうも向いていないので変えてほしい、と申告することができる。組織も異動もフレキシブルにしておくことが大切なのである。

四半期ごとの人事考課

当社は四半期ごとに人事考課をしている。

自分はこの三ヶ月間にこういう働きをしたという、自分の業績をアピールする機会である。この人事考課表に上司（考課者）がコメントをつけ、最終的に担当役員が評価する。全員の評価をしたあと、一覧表にした段階で全体の整合性をみて、部長・役員間の相対的な評価格差を無くす。最終的に、SABCDという五段階のランクづけをする。そのランクの累積で賞与や昇格が決められる。

まず、社員はすべてE、M、S、J、Fといったグレードに分けられる。給与のベースになる能力区分である「グレード」は、個々人が持つ潜在能力ではなく、仕事を行い、成果をあげる上で発揮される力を意味する。たとえばM1というグレードに位置付けられる人がいたとして、四半期ごとにAAの評価であれば、今の月給に何倍かの倍率を掛けて賞与の額を決めていく。ただし、本当に良くがんばったが業績は上がらなかったという人に関しては、それを見ている役員が、この人は数字には表れていない部分においてこうなので評価をし直してほしいと申告することができ、人事評価のためだけに役員会を開く。年四回の人事考課のために、それぞれ役員会を一回の評価について四〜五回ずつ開いている。相当念入りだと思う。役員の大きな仕事は、自分の担当の人を全員評価することだ。

一般的に評価は、同じ人を評価する場合でも評価する側の能力によって相当な差がでてくる。評価する人が優秀で、部下のことをよく思っていて意思疎通ができていれば、「評価」そのものが最上の教育手段となる。反対に、意思疎通ができていなければ、評価された人が「何でこんな評価しかしてくれないんだ」ということになる。上司と部下のコミュニケーションは重要であり、「評価」という行為を通して、部下だけでなく上司そのものの能力もよく分かってくる。

自分にも他人にも厳しい評価をする人のチームは伸びると思うが、そういう人ほど人事考課を辛めにしがちだ。甘い人のチームと辛い人のチームの評価を、先ほどの一覧表のうえで不公平のないように相対的に修正していく。最終的な評価結果は、被考課者にすべてフィードバックする。面談に一人三十分くらいはかけている。四半期に本人が約束したこととか目標にしたことも含めて、すべての評価を伝える。本人はそれに納得したら印鑑を押す。

このフィードバックで、ほめたということをほとんど聞かない。上司は部下を常時評価するのが仕事の一部なので、このフィードバック面接でもめるということは、日ごろの育成・指導がしっかりできていないということにもなる。

評価を通して、その部下のやる気を引き出すことにつなげようという思いもあるが、一方では「評価は差をつけるために行う」面もある。成果をあげている人にはそれなりの評価をするのは当然のことだ。

賞与は年間三回あり、三回目が決算賞与だ。決算賞与は会社の業績に連動するが、それ以外の二回の賞与は係数が決まっているので、会社の業績とはまったく関係なく支給される。会社の業績が落ちたとしても、基本的に個人業績には反映させない。この給与体系は、広島証券取引所上場の準備過程で外部の人事コンサルタントの力を借りて整備したものを土台にし、その後何度か改訂してきている。

実力主義人事以外に評価・処遇の方法はない

欧米の人たちは自分の実力や実力主義ということについての教育を、比較的小さいころから受けている。日本はというと、集団主義のような、「角を立てない」、「和をもって尊し」とする雰囲気がまだどこかに残っている。日本の企業風土にだいぶ浸透し始めたかに見える実力主義も、そうそううまくいかないと思っている人は実はまだ多いのではないか。

でもぼくは、実力主義以外で人を評価するということはできないと思っている。うまくいくとかいかないという以前に、このことは絶対に譲れない。実力主義評価なしに、人を使うとか、一緒になって仕事をするということは、お互いにできないと考えている。たとえば、努力した人もしなかった人も、成果を上げた人も上げなかった人も、全員が同じ給料であれば、誰も働く気はしなくなるだろう。ただし、前述した人事考課制度の運用に問題がないことと、フィードバックの透明性がなければ成立しないことは言うまでもない。

さらに言えば、アメリカでも日本でもヨーロッパでもどこでも、優良企業の評価はすべて同じように実力主義で行っているはずだ。日本的経営と区別すること自体がおかしい。たとえば、トヨタが日本的経営の代表などと言われる場合もあるが、トヨタほど厳しく社員の実力を評価している企業はないと思っている。

ある会合でトヨタの役員が「円安は当社にとってよくない。儲(もう)かりすぎると会社の人間をダメにする。気をつけないといけない」と仰ったのを聞いて、本当に堅実で厳しい会社だと思った。失礼を承知で言うと、トヨタのイメージは「乾いた雑巾をもっと絞る」――これは対外的にもそうだし、多分社員に対してもそうだと思う。対外的に応対することと、社員に対するやり方を使い分けることはできないだろう。同じ人が経営し、同じ人が応対しているのであれば、社員に対しても対外的にも厳しさは変わらないはずだ。だから、ぼくはトヨタというのは本当の意味の実力主義ではないかと思う。そうでなければ世界中で戦えない。重要なのは、最低必要人員でいかに効率よく経営するかで、まさにトヨタを支えてきた「ムリ・ムダ・ムラ」を徹底排除する「カンバン方式」や、スーパーマーケットの商品補充システムにヒントを得た生産方式「ジャストインタイム」についても、「リストラを毎日やりなさい」と言っていることと同じなのだ。

株主資本主義

近ごろ株主資本主義の批判をよく耳にする。しかし、その批判自体が、資本主義そのものを否定するものだと思う。株主は資金を出して会社を作った人なので、最終的に利益がいくのは当然のことだ。

ただし、株主だけを尊重すべきだという行き過ぎた議論になると、お客様不在の思想であり、それは問題外だが、本来の会社の持ち主は、やはり株主だと思う。株主とはいわば会社のオーナーであり、オーナーであれば利益はもちろん会社のお客様や従業員を大切に思うのは当然のことだ。株主とオーナーを別物と捉（とら）えるのはまちがっている。

オーナーと経営者は同一の場合もあり、別々の場合もあるが、大事にすべきもの、追求すべきものは全く同じなのだ。世の中にペーパー上だけで金もうけができる安易な商売はない。経営者にとっては、短期間で利益を上げることも、長期間で利益を上げることもどちらも大事である。これを両立できないような経営者は、経営者としては失格だ。

アメリカで、エンロン社やワールドコム社の不正経理事件がおきたときに、「だからアメリカ企業の経営は悪い、日本企業の経営は良い」という短絡した議論がなされたが、そんな単純な発想はありえない。日本企業の経営がいいのであれば、なぜこれほどの不況になったのか。アメリカでも良い会社はあるし、悪い会社もある。世界のどこにあろうが、従業員が一丸となって頭を働かせ、一生懸命に仕事をして利益を上げている会社が一番よい会社なのだと思う。

ただし、日米の比較で、明確な違いがある分野もある。信賞必罰の文化だ。アメリカの二社は、資本主義では許されないことをした。だから経営者は牢獄(ろうごく)に行き、会社はすぐにつぶされた。しかし日本で同じことが起きたらどうか。会社はそのままかもしれない。日本では借金棒引きとか、不採算会社同士を合併させるとか、資本主義の論理に反するようなことが続いている。不採算会社であれば、悪影響が大きくなる前に早く清算すべきだ。信賞必罰の文化を根付かせないと、まじめにやる気のある人たちがどんどん減少していくことだろう。

他人に評価されることで人は働く

人が仕事をする上で、大きな動機となるのは、正当に人に評価されるということだ。経営理念第十条に「公明正大、信賞必罰、完全実力主義の経営」と書いたように、この理念がないまま人を使うことは考えられず、完全実力主義で評価することが本人のモチベーションの向上につながると思う。

「評価」については、評価される側の人がアピールのし方がうまいと能力以上に評価されることがある、とよくいわれる。でも、これは間違いだ。化粧は入社して数ヶ月は続くかもしれないが、一緒に仕事していくうちにだんだん通じなくなり、化けられなくなる。その人の技量は、上司だけでなく、同僚も部下もみんなで見ている。その情報が伝わらないはずはないのだ。

既存の大企業は、ほとんどが報告社会で、報告と承認の繰り返しである。報告上手の人の出世は早いし、そんな部下に上司がだまされることもある。われわれの会社では、実際に仕事をしている人を評価し、報告上手なだけの人にだまされないようにしている。本来の意味の実力主義が大事だと思う。

評価する上司の能力の問題もある。仮に上司より実力のある部下がいたとして、上司と異なる方向の提案をしたとする。その部下に本当に実力があれば、時間がかかってもその「出る杭(くい)」は伸ばされる仕組みが必要である。ただし、仕事はそう甘くないので、実力があっても一朝一夕に上司を超えられないのもまた事実だ。

現実的に百％公正で公平な評価は、ありえない。本当に優秀で一生懸命やっている上司ほど自分自身への評価も辛いが、部下をも辛く評価しがちだ。逆に、仕事をしていない人ほど部下を甘く評価する傾向がある。完全無欠の人はいないが、評価には「公開性」と「透明性」が必要だ。さらに言えば、「評価する人と評価される人は対等である」という意識を、社員全員が常にもっておくべきだろう。

ワンマン経営はマンネリ化を早める

会社創設者、中興の祖、カリスマ部長、カリスマ技術者など、誰であれ、「ワンマン」と呼ばれるリーダーは多くの会社に存在すると思う。

そのようなワンマンのもとで部下、つまり「手足」を務めた人々がやがて、その会社で偉くなっていく。どういうことが起きるかというと、偉くなった人はそのワンマンと同じように自分の手足を作っていく。頭は俺だから、手足をやれ！という具合だ。そして、自分が手足時代から一歩も先に出ない発想を繰り返して、どんどん経営レベルを貧困化させていく。

ワンマン経営＝人材手足論は、上手(うま)くいっているときには最大の効果を発揮するが、時間がたつと必ずつけがまわってくる。経営もマンネリ化したら終りだ。一人の人間が全部決めてやるということは、マンネリ化する時期が早まるということを意味する。次代を担う人たちも育成できない。

人間は誰にもピークがある。ピークのときはそれで成功するかもしれないが、年をとるとダメになっていくのが普通ではないだろうか。業界を開拓した人として歴史に名を残す名経営者であっても、引き際が悪かったためにあまりよい印象を残せなかった方もいる。息子を跡継ぎにしたいがために、実力あるナンバー2から何人かを子会社に出向させたり、結果的に辞めさせてしまうような経営者は本当に会社のことを考えていたのだろうか。決してそうとは言えないはずだ。

本物のリーダー不在

新興の、とくにソフト開発などのハイテク業界の人と話すと、「多彩な人材がどんどん入ってくるが、皆明日はどうなるか分からないよ、という感じで仕事をしている。何か殺伐としていて、ろくに挨拶もしないような人が増えた」という。終身雇用を旗印にしていた大企業が、リストラして人事制度改革をしたあとの会社にも、同じような例がみられるようだ。

この事例を聞いて思うのは、挨拶をしないとか、腰が据わらないというのは、やはりリーダーに責任があるということだ。上司は、部下が挨拶しなかったら、挨拶しろというふうに言うべきであるし、ふわふわと仕事しているような人間がいたら、もっと腰を据えて仕事しろ、と言わなければいけない。これをはっきり言えないリーダーは、本物のリーダーや経営者ではない。終身雇用を前提としたかつての日本的経営の美徳が失なわれた結果だとするのは、リーダーや経営者の責任逃れにすぎない。

そもそもハイテク業界では、終身雇用という前提は成立しえないと思う。というのは、一つの技術を仕事の柱にしていても、ある日突然、次の技術にとってかわられたら、そこでその会社や事業は終わりだからだ。働いている人たちも同じで、大型汎用コンピュータのプログラムばかり作っていた人は、いまのパーソナルコンピュータやハイテク機械の高度化や技術革新に追いついていないはずだ。「いま自分がやっていることは時代に追いついていない可能性があるのではないか」と疑いながら、常時、勉強していない限り、第一線ではやっていけない。そういう業界だ。会社自体も同じである。すべてが順調に見えたとしても、「仮の姿」と思わないといけない。

当社は終身雇用制を前提にしているわけではないので、従来の大企業に比べると人の出入りは多いほうかもしれない。会社側も社員側も出入りは自由意志なので、会社を去ろうとする人を追ってはいけない。いてほしい人材にはとどまるように言うが、基本的に引き止めるのはむずかしい。リーダーやチームのメンバーとのコミュニケーションが問題だというのならともかく、この会社の風土と基本的にあわないとか、行く方向と違うということであれば、それは仕方がない。という前提に立てば、本当に仕事ができて優秀な人が、その能力や成果に見合った高い給料をとったり、この会社にいると自己実現できるんだという環境をさらに作らないといけないと思っている。われわれはつねに、会社と社員の関係をお互いに緊張感のある対等なものと考えている。

女性社員

当社には多くの女性社員がいるが、各部門に配置されている女性リーダーは三名しかおらず、部長以上はゼロ。外部者から見ると日本の多くの大企業同様に、男の会社というイメージが強いようだ。経営理念の第二十一条に「人種、国籍、年齢、男女等あらゆる差別をなくす経営」とうたっており、給与体系にはまったく男女差がないのに、残念だ。基本的には女性社員がもっと活躍して欲しいと思うし、女性が活躍できるような環境をつくりたいと考えている。

一番の課題は、やはり結婚と出産。それぞれの個人的な環境のために仕事を断念しないでも済むような仕組みを、会社として作るべきだろう。そして、女性の役員や管理職など、すべての女性社員の目標になる人たちがでてきてほしい。男性中心で仕事がやりにくいのであれば、気を遣わないでもいい女性だけのチームを作ってみる必要もあるかもしれない。

取引先企業の多くが男性中心で、女性の管理職がいないわけではないものの、何となく例外扱い。やはり、社会の仕組み自体が今なおそのようになっているからだろう。

社会における男女の役割についての考え方は、十年前も五十年前も基本的にほとんど変っていない。いまだにそのまま続いているのではなかろうか。社会や会社組織も、結婚や出産をある意味でのハンディキャップと認めて、環境作りや制度の整備を積極的に実践していかなければ、この慣習はいつまでも解消されない。

日本は少子化現象で、このさき労働人口はどんどん減っていく傾向にある。そんな状況で女性を活用できないままでいると、たいへんなことになるだろう。

当社の現状は、やはり結婚や出産での女性社員・店長の退職率は高い。なかには店長をも指導できるようなパートの女性が、退職してしまう。とくに優秀な女性店長が優秀でない男性店長と結婚し、男性が辞めずに女性が辞めるケースもある。残念でならない。笑いごとではなく、本当に困ったことだ。不思議なことに、優秀な女性でも専業主婦願望が強い人もいる。仕事を続けたい人には、退職しなくても仕事が続けられるような仕組みを作らなくてはいけない。

当社の商品はユニクロ(ユニセックス)、ウイメンズ、キッズの分類はあるが、実際に買っていただくお客様は圧倒的に女性が多い。食品を扱う子会社のエフアール・フーズ社のお客様もほとんどが女性だ。そんなお客様との接点を単純に考えても、会社に男性が多すぎるのは問題だ。たとえば新宿三丁目の店舗は女性顧客をターゲットにオープンしたにもかかわらず、社内の女性の意見を反映していない。商品作りもウイメンズに力を入れようとしているのに、それを担当しているのは男性のMDである。やはり、どこかおかしい。

ただ、女性読者をターゲットにした雑誌を男性ばかりで作って成功している例もあり、読者が女性だからといって女性が作る必要はないという考え方もある。女性服のデザイナーは、必ずしも女性である必要はない。しかし、メーカー、アパレル、小売、どの日本企業をとっても、あまりに男性が多いのは事実。ところが、世界のファッション業界はそうではない。女性の割合が多いのだ。

女性が五割を超える上場会社、社内に託児所を備えた大企業など、最近は新聞などに取り上げられる会社が増えてきた。しかし、詳しく実情を聞くと「女性を保護」し、「優先」しているために、女性がかえって甘えるという事態も出始めているらしい。プロ意識を植えつけるというよりも、甘やかしすぎて、社内にプロ意識が薄れ、慣れ合いの無責任な空気が漂っている、という声もある。やはり、形式的な制度で事足れりとするよりも、働く女性の模範となるような幹部を増やしたり、女性が過半数を占めるようなチームを作ることが有能な女性社員を増やす早道だと考えている。

奥さんが突然、女優になると言い出したら?

労働人口が減り続け、女性も男性と同様に生涯働くようになる時代がそこまで来ている。今後はさらにドラスティックに変わっていくだろう。女性自身も家庭や趣味だけでは満足せず、自分のやりがい、社会での役割や貢献をますます考えるようになると思う。

当社の人事関係の仕事を手伝ってくれている男性から聞いた話である。彼は四十八歳、奥さんが四十二歳、子供は高校生と中学生の女子二人。子供には常々、将来は自立して、自分の未来は自分で切り開きなさい、と言っていた。そこへある日突然、奥さんが「女優になる」と言い出したのだ。オーディションに合格したという。もともと若いころは女優を目指していた。自分のなかにずっとくすぶっていたものを、いまやっとはきだし、オーディションを受け、合格するところまできたという。普段、自立すべきだと皆に説いている手前もあり、奥さんには「お前だけは、ダメだ」と言えず、困った、という。

他人事なら面白い話、で済んでしまうかもしれない。四十二歳でオーディションを受けて女優になります、という人もすごいが、いざ自分の奥さんに言われたらどうするだろうか。ぼくと同様、そうなったら途方に暮れる男性も数多いと思う。

かつて、女性の総合職というのがもてはやされたことがあった。単なるお茶くみや腰掛け仕事ではなく、男性と同様に仕事をバリバリやりたい人はそのコースを選択した。雇用は男女に機会均等になったため、やがて総合職そのものが姿を消したが、もともとの発想は男性と同じベース、実力主義で評価するというものだった。

当社は完全実力主義を標榜しているが、男女の区別なく完全に実力のみで評価するべきなのか、やはり男女はそれぞれの持ち味があるので、それを活かす形で登用していくべきか、様々な微妙な問題を含めて考えると、ものすごく難しい。実は、当社もこれに悩んでいる。

女性の管理職に「会社全体で女性にもっと活躍してもらうにはどうすればよいか」と聞いたことがある。答えは明快だった。「男性が女性をお嬢様扱いする。特別視して、自分たちの世界と違う、女性だからというだけで仲間に入れない、そういう場面が多すぎる。この特別扱いを止めない限り、うまくいかない」という。本当に優秀な人は、特別扱いされることを拒むものだ。実際、女性社員の能力が活かされていないケースを調べると、男性上司の側に問題があることが多い。お嬢様扱いするのは、女性にとって相当なマイナスになっている。男性と同様にバンバン仕事を命じ、バンバン鍛えていくが、その一方で女性特有の問題、生理痛などには十分に気をつかうべきだろう。そんな上司になるための教育が必要だと思う。

ある百貨店の男性フロアマネージャーに聞いた話がある。彼は、持ち場のフロアーの女性店員全員の生理日を把握している、という。生理期間は、単純ミスをおかしたり、元気がなかったり、感情的になったり、個人差はあるもののいろんなことがおきるからだ。昨日までの彼女と態度や行動がガラッと変ってしまう人もいる。それらに気を配ることも上司の重要な仕事だ、という。こういう虚飾のない人が本当によい上司なのだろう。

お嬢様扱いするということは、男性が男性側の論理で特別扱いするということであって、ほんとうに「大切に扱う」ということからは、ほど遠いのだ。生理日を上司にフランクに言え、上司もフランクに応えられる、そんな職場も可能なのではないか。「性差」を認めあいながら、対等な立場で共同で仕事をする。それが実現すれば女性の活躍する場も、可能性も拡大するだろう。

もともと日本の社会では、これまで女性が主役になることが少なかったため、この問題が表面に出て議論されることがあまりなかった。女性の特徴、男性の特徴、男女で一緒に働くときにはこんなことに気を配るべき、ということを高校や大学でしっかり教え、会社でもそのことを再度教育する。そんなことが求められていると思う。

株取引の現実

調べたことはないが、株取引の世界も男性優位は変わらないと思う。女性のトレーダーや資産運用の専門家などが話題になるくらいだから、きっとそうなのだろう。最近は取引単位が小口化してきたとはいえ、個人の主婦層などが気楽に株取引を楽しむところまでは、まだまだいたっていない。

もし、気軽に買えるようになったとしても、いまの日本の株取引では、個人投資家は儲からない仕組みになっているような気がするので、またすぐに退出してしまうのだろう。いまいるのは個人投資家ではなくて、個人投機家と機関投資家ばかりなのが現状だ。

個人投資家は、マスコミや新聞の株式欄を見て買うので高値で買ってしまうケースが多い。個人投資家が安値で売ったら、今度は機関投資家がそれを買ってまた、得をする。機関投資家も低調な相場が続くと損をしていると思うが、バブル崩壊以前はそんな図式だった。

どの企業でも公平な情報提供をこころがけており、決算発表後のアナリスト説明会や大手の投資家向けにスモールミーティングなどを開いている。そこへ経営者が出て、経営の現状の説明をする。それらの内容は各企業のホームページで公開されたり、アナリストのレポートとして公表されているとはいえ、やはり機関投資家に有利に作用

している と思う。

それに機関投資家は、二年、三年、五年と中長期で株を持つケースが多い。個人投資家は、株を買ったらすぐ上がるものと勘違いしている。ムードで買ったり売ったりする。一株千円のものが四千円ぐらいまで値上がりすると推奨されて買ったのに、七百円まで下がったのであわてて売ってしまう。これを繰り返す。そうではなく、その企業のおかれた事業環境やファンダメンタルな状況をしっかり分析し、五年後十年後はどうなっていくのかの判断をして、その会社の株を買う。それが重要なのだ。

アメリカ軍のイラクへの侵攻が時間がかかりそうだとマスコミが報じたら、平均株価はドンと下がり、バグダッドまであと三十キロに迫ったとなればたちまち上がったりする。どうしても近視眼的な売り買いになってしまう。これではますます、一般の人々の株取引をすることに対する誤解や偏見を解けなくしている。実質的な企業の価値を反映するような仕組みと、一般の人々がもっと株取引に気軽に参加できるような仕組みをぜひ作ってほしいものだ。

V　失敗から育てる次の芽

フリースのインターネット販売

われわれはフリースの販売で成功した。ブームになる数年前から継続的にフリースを売っていて、その過程で自分たちが考える以上に需要があることに気づいた。フリース自体が機能的で軽くて暖かいし、冬服としては最適の素材だった。今まで登山用とか一部の興味のある人しか持っていなかったものを、手軽に買える価格にできたことも幸いした。原宿店の開店とテレビコマーシャルなどのキャンペーンも効を奏した。おそらく、洋服の単一商品で全国的なキャンペーンをやったのは日本で初めてではないだろうか。フリースのように未開発商材で潜在需要を掘り起こす、それをうまく突けばどんな商品でも売れると思った。

新しいことをやろうとする場合、それなりに準備する。多分こうなんじゃないか、と計画や仮説をたてる。実際にやってみると、そのとおりにはいかないことが多い。しかし、そこであきらめてはいけない。計画と現実が違うケースでは、いかに現実に早く対応するかが大事である。計画や仮説のどこがどう間違っていたかを、早く見つけ修正する。だから、早く「失敗した」と認識しないとダメである。ほとんどの人は、失敗したと認識せずにそのまま突っ走る。自分の能力に自信のある人ほどそんな傾向がある。何とかこのままでも行けそうだ、と。

フリースの場合は成功したが、他については失敗は数知れず。当社は数々の失敗を繰り返して、学習してきた会社だと思っている。繰り返し強調しておくが、成功よりもむしろ失敗のほうが勉強になる。一方、成功というのは、ここまで可能性があるということを知らせてくれる、元気の源のようなものだ。フリースの販売数量も当初は数十万点がせいぜいだと判断していた。しかし九八年には二百万枚、九九年の八百五十万枚。これでもすごい数字だった。ところが翌二〇〇〇年秋冬、まさか一シーズンに二千六百万枚も売れるとは、誰も予想していなかった。

この年、十月十八日にインターネット販売を始めた。スタートしたと同時に、電子商取引ホームページの利用者数ランキングでいきなり三位に登場した。わずか五日間で三十八万人がアクセスしてくれた。一位がヤフー、二位は楽天、この二つのサイトは検索や買い物サイトへの入り口なので、実質は当社がトップだった。

フリースを五十一色すべて店舗に展示するのは難しいので、インターネットで基本十八色に毎週三色ずつ加えていき十一週にわたって販売した。テレビコマーシャルも、倉庫のなかでくねくね曲がったレールにぶら下がった五十一色のフリースジャケットが、ゴーッというモーター音とともに回ってくる、という斬新なものだった。衣料品は実際に見て触って買うのが常識という概念を覆した、と報じたマスコミもあった。新しい販売チャネルとしてのインターネットと、色とりどりのフリースという素材、そしてインターネットの無機質なイメージをコマーシャルがうまく表現していたこと、それぞれの相乗効果でブレイクしたと思う。

実は、インターネット販売は以前から準備していたわけではなかった。九九年の秋からカタログ通販を始めており、それの延長線上で捉えていたのだ。カタログ通販との相乗効果が狙えればいい、という程度の位置付けだった。準備期間はたった三ヶ月ほどの非常に短い期間だったが、何とか実行した。

ただし、いまはまだインターネット単独では商売になりにくい。いずれインターネットを利用しないと商売にならない時代がくるにしても、現状では、インターネット販売や通信販売が全体の売上に占める割合は少なく、三%程度にとどまっている。しかし情報の発信という面では、インターネットは非常によい媒体だ。メールマガジンやインターネットで確認して、店舗で買うという人は確実に増えていくと思う。

フリースの成功につながる「失敗に学んだこと」

かつて当社のユニクロ標準店は、都市の郊外に位置し、幹線道路に面したいわゆるロードサイドショップだった。現在は都心型店、ショッピングセンターや百貨店内への出店、駅の構内への出店といろんな形態がある。九八年十一月に出店した原宿店は、都心型店の第一号としてよく誤解されるのだが、実は二号目である。

都心型一号店は、大阪のアメリカ村店だ。ここは立地の悪さもあったが、ぜんぜん売れなかった。売上不振の主因は、郊外型店と同じようなオープンの仕方、売り方をしたことに尽きる。チラシでは、総花的にいろんな商品を扱っていますと告知して、郊外型店と同じようなオープンにしてしまった。その後のチラシも、普段千九百円の商品を土日に限定して千円で売りますよ、というパターンで、お客様の側からみれば何を売っている店かよく分からなかったのだろう。これでは単なるディスカウンターと同じになってしまう。

郊外型店であれば、半径何キロ以内にどの程度の潜在顧客がいるか「商圏人口」というものを把握しておき、そこに効果的にチラシをまくことが重要になってくる。チラシ配布枚数も、配布する範囲も調整しながら経験をつんでいくのだ。しかし、都心型店ではこのことが通用しなかった。

都心型店は商圏がはっきりしないし、チラシの効果がまったくない。たとえば、原宿店の商圏といえば「全国」だろう。チラシのまきようがないのだ。都心では様々な商品をいろんな店で売っている。したがって、商品を完全に絞り込み、広い地域に宣伝広告することを考えなくてはいけない。郊外型店のやり方を踏襲していたらダメなのだ。この失敗からの教訓を踏まえて、原宿店のオープンを単一商品に絞り込んだフリースのキャンペーンと連動させて実施したのである。

アメリカ村店の失敗からつかんだもう一つの教訓は、多くの種類の商品を年齢層や男女別にターゲットを絞った消費者層に売ることよりも、フリースのような一つの商品を年齢も性別も選ばない不特定多数の人に売るほうが絶対に効率がよい、ということだ。

ユニクロのカジュアルウエアは年齢や性別はもちろん、人間を区別してきた国籍や職業や学歴なども含めて、あらゆるものを超える、みんなの服と考えている。フリースはこのことにもっともふさわしい商材だった。テレビコマーシャルにミュージシャンや学者、そして一般人まで、男女とりまぜ、小学生から年配の人まで、いろんな人たちに登場していただいたのは、何よりもそのことを伝えたかったのだ。

次の実行の参考にする経営

当社の経営理念の第十二条は「成功・失敗の情報を具体的に徹底分析し、記憶し、次の実行の参考にする経営」という。フリースの大成功は当社に何をもたらし、何をどう変えていったのか考えてみたい。

われわれはそれまでほとんど知られていなかったのに、フリースのヒットのおかげで、全国的に「ユニクロ」が有名になった。ユニクロというのは、こういう企業でこういう商品を売っていますということを一から説明しなくても済むようになった。

また、産業界・経済界のなかでも、企業そのものの認知度が非常に高まり、今までの小売業やファッション企業以上の評価を得ることができた。フリースがブームに入る前年の九七年四月に東京証券取引所市場第二部に上場して、ヒットし始めた九八年秋冬のシーズン終盤、九九年二月に東証一部に鞍替（くらが）え上場したことも幸いした。当社の成長期にタイミングよくフリースが売れて、全国的に話題を呼び、その相乗効果で、今までにない新しいタイプの会社と認められるようになったと思う。

前述したように、急成長したために、若くて優秀な人たちが大勢入社してきた。それも、従来では小売業とくにファッション関連の企業には来ないであろうタイプの人たちが、次々と入ってきてくれた。

店舗も作りやすくなった。それまでは関東の中心部に店舗はなかったが、原宿店オープンと前後して集中的に出店していった。百貨店やJRなど様々な企業から声がかかるようになった。店も増え、人も増えといった状況になった。

社員の能力を会社の規模ではかるのは語弊があるかもしれないが、九〇年ごろまでは個人事業・零細企業の人材、九一年九月から本格的にチェーン展開するようになってからは中小企業・中堅企業の人材が入社してきた。広証に上場したあとは、停滞期に入ったが、この時期に新しい時代を作っていく高い志ある人々が入社し、それからフリースブームになって、さらに優秀な人たちが大企業から転職してきてくれた。

この成長過程で、退社した人たちもいる。仕事の質や量の高まりや変化についていけなかった人や、何となく会社にぶら下がっていたような人。社員持株会に上場前から参加していて、株式公開によりキャピタルゲインの恩恵に浴した人の中には何千万円かの財産を得たために仕事が面倒になった人もいたかもしれない。自分が思っている会社のイメージと違ってきたと感じた人、いわゆる現状維持派……たとえばこんな人たちだ。人それぞれ考え方が違うので、退職するのも仕方がなかったと思っている。

成功の中に潜む失敗の芽

反対に、フリースの大成功があったがゆえに、勘違いしたり、上手くゆかなくなったりした部分もある。

優秀な人たちが入社したのはいいのだが、三年ほど続いたフリースブームのなかで、フリース以外の商品も相乗効果で売れ、商売って意外と簡単だな、と誤解した人たちも現れたのである。商品を補充すれば黙っていても売れるという一種の自動販売機状態のなかで、内容よりも形式を整えたり、とりあえず商売を回していればいいや、と考える人、実践の伴わない机上の空論を唱える人も増えていった。大企業出身者は新たな気持ちで入社してきたはずなのに、実は大企業しか知らず、そこで慣れ親しんだ経営管理のやり方をそのまま持ち込もうとする。大きな変革期にいるはずなのに、保守化が始ったのだ。

成功するということは、保守的になるということだ。今のままでいいと思うようになってしまう。成功したと思うこと、それがすなわちマンネリと保守化、形式化、慢心を生む源だ。商売にとってよいはずがない。商売というのは、現状があまりうまくいかないときに、「だったら、どうやればうまくいくのか」ということを徹底的に考えるということであり、成功したと思った時点でダメになるのだと思う。

生産面では供給が需要に追いつかず追加生産にやっきになっているときでも、販売面では自動販売機状態でほとんど努力しないで売れているのは〝ブーム〟の結果に過ぎないと分析しながら舵を取るべきだった。売上がアップしてもダウンしても、どんなときでも常に冷静に、そして客観的に市場を分析して、適切な判断をし行動すべきなのだ。市場に踊らされてはならない。部分的に即断し、闇雲に偏った反省をすべきではない。しっかりした分析に基づかないで反省し行動しても、ますます傷口を広げることになる。

どちらにせよフリースブームが終り、何度目かの停滞期に入り、既存店の売上が落ち込んで前年比マイナス成長となってしまった。単純にフリースが飽きられてブームが去ったからだけでなく、新しいものを生み出せなかったのは、成功に酔った「勘違い」によるところが大きかったと思う。

組織が大きくなっていくと、今度は安定を求めるようになる。ぼくは、もともと零細企業から出発しているので、安定を求めるのではなく、不安定さのなかで革新を求めるほうがよいと思っている。

どちらかというと最近は若い人ほど安定的な仕事を求めたがる。第一線よりも管理する人、プレーヤーではなくマネージャーとして評価だけする人、そんなことを指向する人が増えている。仕事を自分がやるよりも、部下や他人にやらせることが管理職の仕事だと錯覚しているのではないだろうか。

お客様の方をしっかり向いて、全員で仕事をしなければいけないのに、管理職が部下の仕事ばかりチェックしているようになると、お客様のことは二の次になり、やがて忘れてしまう。お客様と商品の接する現場の動きが分かっていなければ、的確な指示は出せないはずだ。現場と距離が離れれば離れるほど、仕事のための仕事をわざわざ作り出す危険性もある。こんなことではいけない。

人数が少なく会社規模が小さなときであれば、ぼくが一喝すれば軌道修正できたが、人数が増えるとそうはいかない。掛け声だけに終わってしまう。

若い社長へ世代交代

玉塚君に社長を引き受けてくれと頼んだのは、二〇〇二年五月の初旬だった。当時副社長だった沢田君に社長への就任を断られたあとの選択だった。沢田君は自分で会社を一から立ち上げる夢を実現したいということで五月末日に副社長を退任し、代わりに玉塚君が六月一日から副社長に就任した。十一月に開催した株主総会後の取締役会で彼に社長になってもらい、ぼくは会長になった。

こうして、玉塚君を中心にした若い人の経営者チームの態勢がスタートラインについた。この若手の経営チームが下の人たちと一緒になってお客様志向、現場志向で商売していく新体制をつくらないといけない状況だ。経営者が現場に出て、お客様を見ながら、自らが、「あ、これが問題だな」ということを発見しながら解決していく。これが、本来の商売と経営というものだと思う。

現場の管理職は、二十歳代後半から三十歳代の人が多い。であれば、経営者はそれと同年代か少なくとも四十歳代前半でないと、現場の人たちと汗水流しながら一緒になって仕事をしていくのは難しいだろう。

大企業のサラリーマン的な経営者の人たちには理解できないかもしれないが、ぼくは経営者というのはそういうものだと思っている。それはぼく自身の、会社が小さいころからずっとトップで全部やってきたという体験に根ざしている。まさに「実感」である。

日本の企業もだいぶ変わってきたとはいえ、中間管理職になるのがやっと四十歳代、部長だと五十歳過ぎ、役員は五十五歳以上などというのが普通である。いわゆるお神輿（みこし）型経営、偉い人は上に乗っているだけで何もしない。下の人はどこに行くのか分からないながらも、お御輿だけ担（かつ）いでいる。そこには経営のダイナミックさが無いばかりか、お客様や環境に対応して常に変化していこうなどという柔軟で反応の早い体制は、みじんも感じ取れない。

日本から世界へ

フリースの大成功が保守的な傾向を生んだというなかにあって、そこを突破するには、「何かに挑戦する」という新しいベクトルを持ち出す必要があった。それが、ユニクロのロンドン進出と中国進出であった。

もっとも、国際化についてはかなり以前から言っていたことでもある。東証上場するのが国体で準優勝すること、フリースの成功がそれに優勝することだったとすると、次の舞台はオリンピック、つまり海外市場に出るということだった。三千億円の売上を達成したら海外市場に出たいと、ずっと考えていたし、社員にもそう言い続けていた。

予想していたよりも早く、三千億円の売上が短期間で達成できそうになったので、「だったらここで行こうか」と判断し、実行したということだ。翌期には三千億円近い売上が見込めそうになった二〇〇〇年六月に、イギリスでの店舗展開の布石としてロンドンに子会社を設立した。その年、二〇〇〇年八月期には二千二百八十九億円の売上高（前期比百六％増）と六百四億円（前期比三百二十七％増）の経常利益を達成した。

今このときのことを省みると、自分自身がバブル状態になっていたのではないかと思う。国内での大成功を受け、あまりにも安易に海外進出を考えていて、日本で成功したことをそのまま形だけ持って行こうとした。形があっても魂が入っていないので、内容がないのと同じだった。しかも不十分な形で持っていこうとしたため、ロンドン進出は余計にうまくいかなかった。

なぜロンドン進出か

よく質問をされるのが、なぜ最初にロンドンに進出したのか、アメリカという選択肢はなかったのか、ということである。世界の大都市に店舗展開をしたいと考えていたので、最初に考えるのはニューヨークかロンドンかパリになる。

まずニューヨークの場合、アメリカという市場が余りにも大きいので、本当にそこでやっていけるかどうかという問題があった。ニューヨークで成功しようと思えば、短期間で二百店舗をつくらないといけない。日本での出店の実例を考えると、ある地域に集中出店し、一定の店舗数を超えると、急に売上が伸びる。ドミナント現象が起こるのだ。ニューヨーク周辺は多分関東地方と商圏の範囲がほぼ同じくらいなので、これと同じ店舗数が必要だろう。二百店舗を三年間程度で作らないと、勝負にならないし、消費者に認知されない。アメリカ市場で成長するだけの基盤が必要なのだ。この勝負は、現在の当社の体力では無理と判断した。

パリは基本的にフランス語しか通用しないし、企業にとっては保守的な風土である。とくに世界のファッションの中心地という自負が非常に強く、国外の企業には冷たい。たとえばイタリアのアルマーニがパリに出るときに、地元の人がこぞって反対し、なかなか出店できなかった話などを聞くと、排他的だなと思ってしまう。

ロンドンの場合はこれと反対で、金融業をはじめとして、どの産業でも、外国企業が多い。割合に開放的だ。英語ですべて事が足りる。であればロンドンにしようということになった。経営陣で様々な角度から何度か議論を重ねた結果だった。

次は、日本側の担当者の人選だ。英語が堪能で、前職で海外現地法人を立ち上げた経験を買って、玉塚君に行ってもらうことにした。彼は大学時代ラグビーをやっていて身体もでかい。イギリス人に対抗できそうだ。誰が相手でも物怖（ものお）じせずに正論を吐ける。二〇〇〇年十月に現地法人の取締役会会長という肩書きでロンドンに赴任してもらった。

実際に店舗をオープンしたのは、二〇〇一年九月のことで、法人立ち上げからちょうど一年ほどかかっている。ロンドン市内に四店舗をオープンした。その後、英国内に二十一店舗まで拡大したものの、不採算の状況となったため、ロンドン市内及び近郊の五店舗を残し、十六店舗を閉鎖する旨を二〇〇三年三月に発表した。今後は、残った五店舗に経営資源を集中し立て直しをしていくことになる。この英国進出の失敗は、最初の四店舗オープン時からすでにその萌芽が見られたのだ。

失敗の経緯その一

もともとぼくは、海外の現地法人は現地の人が経営をしないとうまくいかないと考えていた。手持ちの情報はないので人からの紹介を受け、まず経営のトップである社長を選んだ。彼の前職はイギリスの老舗デパート、マークス・アンド・スペンサーで、非常に優秀だという評価だった。会ってみて、まあまあだったので、彼を中心にした経営チームをつくってもらった。それが失敗の始まりだった。

われわれから見たら、かなり保守的な経営陣や組織が出来上がっていたのだ。それはイギリスの文化そのものの反映だった。すなわち、経営陣だけの階級、中間管理職だけの階級、店長は店長、店員は店員でそれぞれ階級・階層を作ってしまい、壁ができてしまっているのだ。本部の部長はそれぞれ自分の城を築き、その城を守ろうとする。現場の社員だろうが社長だろうが壁をつくらず対等に、みんな一緒になって話し合って実行する当社の企業風土からはほど遠く、まったく反対の雰囲気になっていた。イギリスの階級社会と相似形をなすものだった。

経営者や管理職も大会社のそれと同じように、ただ命令して終わり。「自分たちで全部やる」という当社の理念や文化がまったく理解されていない。採用して数ヶ月後に、店舗運営の現場を見て初めてそういうことに気づいた。

店がすごく汚いし、店舗社員の訓練もぜんぜんできていない。もっときっちりと店舗運営をしてほしい、と社長に伝えると、彼らなりの事情をいろいろ主張し「できない理由」を並べる。なかなか改革が進まないので、話し合いを重ね、本人も納得のうえで、社長に退任してもらった。そして、同じ危機意識を持つ玉塚君が二〇〇一年十一月にイギリス子会社の会長兼社長（CEO）となる。玉塚君が幹部と面接を重ねた結果、ユニクロのやり方や経営理念に合わせられない人たちは徐々に辞めていった。

日本の企業とかイギリスの企業とかいう以前に、ユニクロの商売のやり方でイギリスで成功しなければいけない。だから当然のことながら、経営者はそれを熟知している人でなければならない。ユニクロの商売をイギリスでやりにきたわけで、そこが実現できないかぎり、イギリスに進出する意味はない。

この後、人の側面では徐々に改革の効果がでてくる。玉塚君が日本に戻り当社の副社長になったので、二〇〇二年八月から常務の森田君にイギリス法人のトップを代わってもらった。しかし、イギリス法人が大幅縮小されることとなった原因は、他にもあった。

失敗の経緯その二

ぼくがイギリス子会社に期待していたのは「三年間で五十店舗を作る」ことと、「三年間で黒字化」することだった。これは完全にぼくの責任だが、その指示の出し方が悪かった。二〇〇四年末までの「三年間で五十店舗」という言葉が一人歩きし、とにかく店を作ることが第一、ということで、わき目もふらず、ただひたすらに拡張していったのだ。

不動産投資の面では、高い家賃でも出店し、店舗展開のために人件費にも金をかけていった。内装工事、情報システム、教育研修といった面にもあまり「効率」や「効果」からの判断がなされないまま、まず五十店舗ありきで次々に投資していった。全部が失敗だった。

商売の根本からみれば、投資したものをどうやって回収するかを周到に考えねばならない。五十店出店するのであっても、まずは一店舗から儲けを出すことから始めて、儲かる仕組みを徐々に拡大していくことが大事だったのだ。三年で五十店舗展開すればそこで儲けが出るような錯覚におちいっていたのかもしれない。そんなことがあるはずはない。何もかも安易だった。

このままいったら「三年目で黒字化」の目処が立たなくなる。失敗に気づいたらただちに修正しなければならない。今回の縮小は、どこまで縮小したら黒字化できるかをあらゆる角度から検討した結果だった。

縮小策はシンプルなものだった。ロンドン圏以外のところは、全部店を閉める。ロンドン市内でも、効率の悪いところや郊外で中心部から遠いところは全部閉める。結果として市内と郊外でも効率のいい店を五店舗だけ残して、あとは全部閉めることにした。

商品展開の面でも問題はあった。まったくの研究不足で恥をさらすようだが、ロンドン店でのドライのポロシャツ販売は「傑作」だった。日本と同じように夏にドライのポロシャツを売ったのだが、日本と違いぜんぜん売れない。当たり前だった。イギリスの夏は日本のような湿気がないので、ドライのポロシャツなんて必要なかったのだ。

商品構成はほとんど日本と同様だが、サイズやシルエットが違うため、現地用の「パターン」を変えていった。よく質問されるが、「イギリス人と日本人に嗜好や消費マインドの違いがあるか」ということに関しては、あまり違いはないと思う。むしろ、商品の良さと価格をうまくアピールできていなかったことが問題だった。イギリス人は商品の価値に気づき、納得してからでないと買ってくれない。衝動買いはしない。丸二年を過ぎた今、購入していただいたお客様からその評価が浸透し始めており、その手応えを感じている。

もうひとつの問題は、生産・販売・在庫のバランスをとることができなかったことだ。生産オーダーの出し方・タイミングと実際の売れ行きのズレが大きくなり、見切り売りを何回もやるはめになってしまった。そうすると「安値販売」自体がデメリットになる。それが現地で商売をする人には見えなくなっていた。マーチャンダイジング、マーケティング、店舗運営も全部未熟だった。失敗の要因が見えたところで、甘かったことを全部カットして、また一からやり直すしかない。これまで通り、商売の原点に戻るということだ。大きな失敗を経験し、今は次の成功の芽を大事に育てながら、着実に一歩ずつ前進している。

上海（シャンハイ）への出店

ユニクロ店舗の中国進出の足がかりは、二〇〇一年八月の現地子会社設立からである。この子会社は現地の企業との「合作契約」によって設立した。店舗展開は一年後の二〇〇二年九月三十日、上海市内二店舗同時オープンによってスタートした。イギリスの失敗が教訓となっていて、同じ失敗をしないように、一店舗一店舗本当に利益が上がるかどうかの検討をしながら、積み重ねていくという経営方針だ。二〇〇二年十二月にもう一店舗オープンののち、二〇〇三年中にはさらに五店舗オープンし、十一月初旬までに合計で八店舗となった。

上海進出時によく質問されたのは、「中国ではユニクロの安さは、強みにならないのではないか」ということだった。本当はぼくも、代表者の林君も同じように感じていたと思うが、対外的にそんなことは肯定できない。「カジュアルウエア」の概念そのものが中国人の生活に溶け込んでおらず、それを定着させたいという思いと、クオリティの高さで強くアピールできるはずだ、と回答してきた。

本当に市場に根づくためにどれくらいのプライスが妥当なのか、いまも模索は続いている。価格の問題は、現実にそこに行って商売してみないとわからないことだ。現状商品の価格帯は、上海に出店している海外のブランド品よりはユニクロのほうが安いが、香港系のカジュアルブランドとはほぼ同じような状況にあり、安さはそれほど売り物にはならない。

消費者としての中国人は非常にシビアだ。上海市の平均世帯の給与は一万五千円ほどで、被服費の平均支出が月に七百五十円だという資料があるが、これによると当社のシャツの値段は二ヶ月か三ヶ月分ということになる。一点を買うのに慎重になるのも無理はない。一時的な事態ではあったが、新型肺炎ＳＡＲＳによる購買意欲減退も心配の種になったりもした。

上海への出店は、三年で五十店舗というイギリスの時のような考え方ではなく、ちゃんと一店舗ずつ利益を出す基盤を作りながら、そこから拡大再生産する体制にしている。その基盤が整えば拡大するし、できない場合には拡大しないということだ。大きな夢を抱きながら、現実の問題を一つ一つ解決し、基盤作りをしていく。傷が深くならない段階でのイギリスでの失敗は、今後の展開の方法を教えてくれた。

今後の海外展開

今後の海外出店についてのグランドデザインを示しておきたい。ユニクロは引き続き世界の主要市場にはすべて進出したいと考えている。準備や研究は徐々に進んでいる。とくにアメリカには絶対に進出したい。二〇〇三年九月に発表した米国セオリーグループの経営権取得の件は、まさにその足がかりといえよう。

二〇〇五年以降は、WTO（世界貿易機関）加盟国は繊維の輸入割当制度を撤廃する予定である。いまの制度は、クウォータ（供給管理）制度といい、自国の産業を保護するものである。これが、先進国にも結構あるのだ。できればそれが撤廃される時期に合わせて進出したい、と思っている。もちろん先行する多くの有名な店舗と競合するのは覚悟の上だ。

ぼくは、日本人あるいは日本企業はあらゆる面で国際化しないと生き残っていけないのではないかと思っている。われわれのような企業こそ国際的な競争をしたうえでないと生き残れないはず。そのために、何回失敗しても、その都度失敗を修正しながら、めげずにやっていくという覚悟と態勢が必要だ。

今の日本国内は、ゼロ金利と低迷する株式市場がベースにあって、消費者のお金は将来の不安感から消費より貯蓄に回っていて、景気は停滞したままだ。企業の設備投資も抑えられ、ビジネスチャンスは非常に少ないかもしれない。

この厳しい状況下で成功するには「新分野・新市場に新技術・新方法で取り組む」か、「すでに古い産業と称される分野に新しいやり方・仕組みで取り組んで」ユーザーや消費者に受け入れられるかだ。こう考えると、チャンスは相当あるはず。われわれの会社は、後者の部類に入る。

しかし、このタイプの会社ほど国際化し、国際的な競争に打ち勝たないと、日本に進出してくる海外の大企業に先にやられてしまう。国際化することが生き残りのマストの条件だ。

われわれのようなSPA（製造小売業）業態は、もともとアメリカやヨーロッパで芽生え発展した。当社は中国で作って日本で販売するという、ある面での国際化では成功したが、海外市場でも同じやり方で成功させないと、本当に成功したことにはならないと考えている。いまはその過程にいるのだ。

われわれの行き方あるいは生き方は、上手（うま）くいくかどうかは別にして、多くの日本企業の将来のあり方を暗示しているような気がする。日本の企業として日本で生き残るために、海外の企業の良い方法を学び発展させていく。それにイギリスや中国やアメリカにも進出し、発展させたい、という夢がないと若者は引きつけられない。プロ野球選手、Jリーガー、音楽家、小説家……才能ある若い人達はすべて海外でも活躍している。若者がこぞって勤めたくなるような企業にならなければ発展しないのは明らかだ。

しかも、衣料品でわれわれがやったようなことは、他の産業でもできることを証明し、その産業自体の改革をしてみよう――そういった希望や使命感がないと、企業は存続・発展していかないと思う。それこそが資本主義のダイナミックさに通じる力なのだが、そこをいまの日本企業は忘れている。特にドメスティックな産業、例えば流通業、金融業、建設業などは全部企業マインドが内向きで、自己改革のきざしすら見えない。自己改革どころか不況にその責任を転嫁(てんか)している。そういう業種には、優秀な人や将来に夢を抱くような人は勤めようと思わないだろう。

われわれは、失敗するかもしれないけれども、まだまだあらゆる可能性に向って挑戦したいと真剣に考えている。本気で挑戦しようと思ったら、挑戦できるだけの基礎体力がないといけない。挑戦できるための基礎体力といえば、やはり収益である。絶対につぶれないだけの収益は上げないといけない。基礎体力を日々向上させながら、その上で次のステージに挑戦する、ということが必須の原則なのではないかと思う。今の当社は、売上をあげてきちっと利益が出る体制を作り、その次の成長に備える段階だ。

当社に入社してくる人たちは、国際化に躊躇がない人材ばかりだと思うが、どんどん様々なことに挑戦して欲しいと思っている。イギリス法人を建て直したいとか、エフアール・フーズの立ち上げをしたいという思いは、ＭＢＡ課程で勉強するよりももっと生の経営の勉強になるはずだ。われわれは失敗をしても諦めない。挑戦する志のある若者を大いに歓迎し、その挑戦と実行を大いに奨励したい。

しかし、ひとつだけ注意しておきたいのは、挑戦と実行を支える「覚悟」があるのかどうか、ということだ。当社の社員たちは頭で勉強している人が多いので、ビジネスモデルや戦略計画という部分ではまったく申し分ない。しかし、それだけでは机上の空論に終わってしまう危険性がある。実際に泥にまみれて「現実」というステージの上でやっていけるかどうか。これが最終的には問われることになる。挑戦と実行には必ず次々と難題が降りかかってくる。そんな現場で最後まで手を抜かず、責任をもってやり遂げられるのか。これが意外に難しいのだ。

何が必要かといえば、「覚悟」の一言に尽きる。それではその「覚悟」はどうすれば身につくのか、実際に自分で会社を回してみて学びとり体感する以外に方法はない。そんな「覚悟」を持って仕事と取り組んでいるかどうかを、これからも折りあるごとに全社員に問いかけていきたい。

エフアール・フーズ

安全で新鮮な青果を販売したいという趣旨のもとに、エフアール・フーズという子会社を二〇〇二年九月に設立した。経緯はこうだ。

永田照喜治（てるきち）さんという「痩（や）せた土壌で水や肥料をできるだけ与えずに農産物が本来持っている力を引き出して育てる」方法を五十年あまりかけて確立された方と知り合い、農業を改革したいとの熱意に共感したのが始まりだ。当社にも、実家が八百屋という執行役員がいて、「自分がやります」と手を上げた。それが柚木（ゆのき）君だ。野菜や果物の流通機構や生産方法は必ずしも合理化されているとはいえず、改革できる余地は大きいのではないかと考えていたので、柚木君中心で永田先生に指導を仰ぎながらやってみようということになった。

世の中の流れとしてもオーガニックに対するこだわりを持つ人が増加し、スーパーでも「これは私が作りました」という顔写真つきの野菜などが増えてきた。残留農薬が社会問題化し始めたこともあり、「おいしくて安全な食べものを、買いやすい価格で届ける」ことがコンセプトのこの事業は時流にも乗っている。ブランド名を「ＳＫＩＰ」という。

二〇〇一年九月から十一月まで、永田農法を実践されている日本全国の農家の方々を訪ね、当社が最終消費者まで届けることが可能かどうかを探り、その後、社内でのサンプル試食会などを経て、食品事業部として活動することを決めた。二〇〇二年一月のプレス発表ののち、四月より食品事業部発のメルマガ（インターネットでのメールマガジン）をスタート。九月にはエフアール・フーズを設立して事業部から移管し、十一月からインターネット通販と会員制販売を開始した。そして、二〇〇三年五月には松屋銀座の食品売り場に第一号店を出したのち、七月から十月までに五店舗出店した。まだ始まったばかりだ。

社内でも異論や反対があったのは事実である。しかし机上で議論していても最終的にはやってみなければ「ユニクロ方式」がどこまで通用するか分からない。マスコミ報道も賛否両論、なぜユニクロが野菜かと疑うものなどまちまちだった。

　スタートするのは簡単だ。資金さえあれば誰にでもできるが、それを「事業として利益を上げる」、「拡大再生産する」というのはものすごく難しい。しばらく赤字が続いたとしても、そこからブレークスルーできないと将来はない、ということになる。ブレークスルーの方法も先行しているいくつかの企業の真似(まね)ではダメだ。独自性が問われる。社会的にはたいへん意義のある仕事だと思うので、柚木君を中心に部下と一緒になって考え、お客様が本当に望むものは何かを見極めながら実行して、なんとか成功して欲しいと願っている。

他業態への進出

　食品以外の業態への進出も、今後は大いに検討することになるだろう。

　もともとわれわれの事業に近い分野、たとえば靴とか下着などへの本格的な進出も考えられる。また、当社の商品価格は低い設定だが、中間の価格でベーシックなさらに高品質の商品の分野に進出することもありうる。また、事業の延長線上で、今の当社のインフラを使って、もっと簡単に規模を拡大し収益を上げられるような新たな方法があるかもしれない。

儲(もう)からないといわれていた繊維産業分野で大きな収益を上げることができたので、これと同様のことをほかの産業にも応用していければ、と思う。

たとえば、ロンドン、パリ、ニューヨークなど大都市はどこでもそうだが、洋服屋と同じぐらい靴屋が多い。シンプルな靴ばかり、ほとんどすべてのサイズを並べている店舗もある。日本には靴屋はそれほど多くないし、革靴は関税が非常に高いので海外ブランドのものは値段が高くなってしまう。たぶん日本でも潜在需要は大きいと思うので、挑戦したい分野の一つだ。自分たちで作って、自分たちで売るというユニクロの方法で、お客様に喜んでいただけるように、ここは違うとか、もっとこうしたほうがよい、という積極的試行錯誤を重ねて、柔軟性をもった機敏な体制で実践してみたい。

新業態も自分たちで新たな産業を作るつもりで

新たな分野への進出も、海外店舗出店と同じように投資と収益を勘案しながらの挑戦になるだろう。やはり自分たちで工夫して新しい産業をつくるという覚悟で、自力で拡大再生産できるようにやらないといけない。先発企業の模倣だけでは絶対にうまくいかない。自分たちでいろんな壁をブレークスルーしないとダメだ。逆に考えれば、古い産業ほどそういうチャンスがまだまだ残されているのではないだろうか。

経営理念の第十一条に「管理能力の質的アップをし、無駄を徹底排除し、採算を常に考えた、高効率・高配分の経営」という項目がある。どんな新しいことを始めるのにも、無駄を排除し採算を常に考えていかないと、生き残っていけない。資金や人材など経営資源はつねに有限である。それをどのように有効活用して利益を出すか、新しい方法を考えて実行する。利益が上がってから向上した基礎体力を土台にして次の新しい手を出す。次の商売を始めるためには、用意周到、そして積極果敢でありたい。

多分、どんな企業もやってきたことであろうし、いまさらという感があるかもしれないが、やはり重要なのは原理原則なのだ。企業が成長、拡大するときには、このことを決して忘れてはならない。

ぼくが社長になってからの当社の歴史を振り返ってみると、その時々で会社のあり方や進むべき方向が微妙に変化してきている。広証上場前後の店舗の急拡大期、新店はオープンするものの既存店売上が落ち込んだ踊り場の時期、ABC改革などの発想の転換期、フリースの成功と都心型店展開期、そして、現時点はユニクロブームの終焉と再生・再出発の時期となろう。

今は再生・再出発の時期と書いたが、前述したように実は挑戦の時期でもある。ユニクロというビジネスモデルの基盤ができたうえ、いかにそれを強固なものにしていくかに取り組んでいる最中である。国内・国外を問わず拡大・充実させていく、その入口に立っている。この基盤を使って他の産業でも同じようなビジネスモデルが可能かどうかを確かめながら踏み出していく、その準備も着々と進んでいる。幸いなことに、それらを一緒にやっていきたいと願う人、経営をしてみたいと考えている人、自分でこういう新しい事業をやってみたいと思っている人が当社には大勢いる。そんな志と頭脳を持つ人たちと、協力しながら新しい産業を立ち上げていきたい。そうしたビジネスを当社の中に入ってやるのもよし、別の会社で当社と連携して新しい組織やチームを作り上げるのもよい。すべての事業をトータルに統括する持株会社を作ることになるかもしれないとも考えている。その目的は、お客様に喜んでいただくという一点に向かっているのはあらためて言うまでもない。ひいては、われわれの企業活動が元気のない現在の日本のシステムの改革に結びつけばこれ以上の喜びはない。

引退宣言

ぼく自身は、六十から六十五歳の間で経営の第一線から引退したいと思っている。最長であと十年ほどだ。そのあとは投資家として一生を送るつもりでいる。

今でさえ、最盛期に比べれば体力と集中力が衰えているのと、徐々にぼくの言っていることが掛け声だけで終わってしまうおそれがあると感じ始めたからだ。

経営は、ぼくにとってはスポーツみたいなものだ。チームのリーダーとして先頭にたって、自分の体力で全員を引っ張っていけるうちはいい。しかしぼくはすでに五十代半ばである。チームメンバーの主体が三十歳代、四十歳代であれば、同じような年代の人たちが構成する経営チームが、その仲間全員をこういう企業にしたいと考えてその方向に引っ張っていくほうがいい。そうでないと、年代が離れれば離れるほど、その意思が伝わりづらくなるからだ。経営とは「実行」なので、経営者も現場の人たちと一緒に実行しない限り何も実現しない。

ただし、現場で働く人はまた別である。高年齢になっても、当社が実施している「匠プロジェクト」のような活躍もしてもらわなければならない。若いことがすべて善、ということもないのだ。現場のあらゆることを経験し、精通している人たちが活躍する場所を作っていく必要もあろう。若い人たちに行く道を間違えないように教える、チェックするなどの役割は、ピークを過ぎた人たちにやってもらえばいい。ぼくも、六十歳をすぎれば多分、企業統治という役割のみに徹したほうがよい時期が訪れることだろう。

高齢者でも能力を保ち続けられる優秀な人は、働き続けてその能力を発揮して欲しいと考えて、匠プロジェクトを発足させたが、工場の現場ばかりでなく他の分野でも若い人たちを指導してもらう優秀なコーチを採用しようかと考えている。

多田さんとのご縁

コーチといえば、二〇〇二年四月にユニクロデザイン研究室長として招聘した多田さんはまさにぴったりの方だ。多田さんとのご縁は、実に不思議な糸でつながっている。

ぼくの父は、ある画家と親交が深かった。今から四十年以上前、その人が日本で描いた油絵を何枚も買った。彼は一晩で絵の代金をすべて飲み代につかってしまい、また父に金を借りに来たという。彼はその後、すぐフランスに渡って絵を描きつづける。二十年後に、父が生涯に一度だけ海外に行ったことがあり、そのときパリの日本食レストランで食事をしていた。たまたまそこにその画家が来たのだ。「柳井さんじゃないですか！」と、お互いに驚くやら何やら、驚くべき偶然だ。父は、彼のアトリエに誘われ、そのときも絵を買って帰った。画家の名を長尾淘汰さんという。

父は、長尾さんが日本で個展をやるたびに世話をするようになる。その長尾さんから、ある時、「三宅一生さんの会社でインターナショナルに事業をしていた人がもうじき定年退職になるが、優秀なのでもったいない。柳井さん、採用されたらいかがだろうか」と声をかけていただいた。その人が多田さんだった。多田さんには、しばらく顧問をしていただいてから、デザイン研究室を設立してもらえないか、とお願いした。デザインを強化しなければいけない時期だったので、渡りに船の幸運というべきか、不思議なご縁だ。

また、当社は社会貢献活動の一環として瀬戸内オリーブ基金の募金活動をさせていただいているが、中心になっている建築家の安藤忠雄さんと多田さんとはやはり旧知の親しい間柄だ。安藤さんは当社が無償提供することになった二〇〇四年アテネオリンピックの公式ユニフォーム作りにも、貴重な提案をしてくださった。デザイナーには高田賢三氏を迎え、プロジェクトは進んでいる。

当社のCFを制作したジョン・ジェイ氏とも多田さんは知り合いだった。実力というものは、人と人をつなぐ能力も兼ね備えたものではないかと思わずにはいられない。

多田さんは、イッセイミヤケにいたときにやろうと思って遂にできなかったことがあるという。「コンビニで売られている靴下やハンカチなどの日用衣料品が非常にプアーだから、やりようによっては、そこでかなり大きな事業になるのではないか」と思っていたという。できずに終わってしまったことに悔いが残る、と。そこで当社への入社とくれば、これまた単なる偶然とはいえない不思議な流れといったものを感ずる。多田さんは、遠慮なくユニクロの商品の批判をしてくれる。彼のストレートな意見は、非常に役立っており、デザイン研究室設立の成果も間もなく具体的な商品となって明らかになっていくだろう。

歯に衣着せぬ批判は大事である。組織のなかで肯定することと批判することが渦を巻いて、組織全体が揺れているような、そんな状態が望ましいと思っている。組織は、安定したらそこで終わりだ。あっちへ揺れ、こっちへ揺れることによって、その次はどこに行くのかというエネルギーを発散したり貯めたりすることが、商売にとっては大事なことなのだ。非常に難しいことだと思うが、客観性と主体性のバランスをいかにしてとっていくか、が商売の真髄なのだ。

批判は批判として受け入れながら、どっちつかずではなく主体的に実行していくというのは、ある意味では矛盾する。しかし、それをやり続けない限り、いい商売とか、いい経営ということにはつながらないと思う。

商売の基本は「スピード」と「実行」

経営理念の第九条に「スピード、やる気、革新、実行力の経営」というものがある。先頭に掲げた「スピード」こそ、商売や経営に欠くべからざる大事な要素だ。ユニクロの展開は社名にＦＡＳＴと現れているとおり、このスピードがすべての原動力になってきた。

スピードがない限り、商売をやって成功することはない。だから、ぼくは失敗するのであれば、できるだけ早く失敗するほうがよいと思う。早く気づいて、失敗したということのひとつひとつを自分自身で実感する、そこが一番大事。その次に、失敗しないようにするにはどうやっていくかを考える。そこで「工夫」というものが生まれる。

ほとんどの人が、失敗しているのに失敗したと思わない。だから余計失敗の傷口が深くなる。「回復の余地なく失敗する」ということは、商売や経営の場合「会社がつぶれる」ことを意味する。「会社を絶対につぶしてはいけない」ということが、すべての根本だ。それを分かったうえで、早く失敗しないといけない。

例えば、新しく靴の事業に乗り出すとすれば、なるべく短い助走期間でスタートさせる。スタートさせて、そこで何かのポイントで失敗をする。そこを次のステップで修正する。いい失敗であれば、必ず次のステップにつながる。いい失敗というのは、失敗した原因がはっきりわかっていて、この次はそういう失敗をしないように手を打てば成功につながるというもの。「失敗の質」が大事だ。

一直線に成功ということはほとんどありえないと思う。成功の陰には必ず失敗がある。当社のある程度の成功も、一直線に、それも短期間に成功したように思っている人が多いのだが、実態はたぶん一勝九敗程度である。十回やれば九回失敗している。この失敗に蓋(ふた)をするのではなく、財産ととらえて次に生かすのである。致命的な失敗はしていない。つぶれなかったから今があるのだ。

もうひとつ大事なことは、計画したら必ず実行するということ。実行するから次が見えてくるのではないだろうか。経営者本人が主体者として実行しない限り、商売も経営もない。頭のいいと言われる人に限って、計画や勉強ばかり熱心で、結局何も実行しない。商売や経営で本当に成功しようと思えば、失敗しても実行する。また、めげずに実行する。これ以外にない。

極端に言えば、あらゆる計画は机上の空論だ、とぼくはいつも思っている。いかに努力して計画しても、現実にブチ当たってみるまでわからないことが多い。逆に、自分で計画しないと机上の空論さえもできず、実行することもできない。計画完了後の自分の姿を予想するのが計画。自分の姿を見ようとしたら、計画して失敗するのが一番いい。あ、これはこう計画していたんだけれども、ここが違ったな、ということがはっきりわかり、次はこういうふうにしようとトライする。このことが成功につながると思う。十戦十勝ほど怖ろしいものはない。一勝九敗だからこそ、ひとつの成功に深みがあり、次につながる大きなパワーが生まれるのだ。

情報や環境を分析し整理することに長けている経営者はよくいる。しかし、こういう人ほど失敗を怖れ実行しない。環境の変化に対応しながら自分自身も変身し続けないとダメになってしまうことが分かっていながら、実行しない。今の日本そのものではないか。

今までのほとんどすべての日本企業、ひいては日本株式会社は、戦後ずっと順調に成長を続けてきた。だから、今現在失敗していることの本質を本気で認識しようとしていない。失敗を早く認識し、ならばどうすればいいかを早く考え実行する企業しか、これからは生き残れないだろう。自社のブランドにいつまでも神通力があると勘違いしている老舗の大企業は、根本的な改革にのり出さない限り、未来はない。利益が上がらないということは、単純に失敗しているということなのだ。過去に蓄えてきた資産がなければどんな大企業であってもとっくに倒産しているという事例があまりに多い。幸か不幸かちょっとした資産があって、何年か生き延びられている、今はその過程にすぎないのではないだろうか。

しかし、その遺産はもう尽きようとしている。日本の未来を考えたとき、ぼくはこんな大きなチャンスに満ちた時代はまたとないと感じている。終戦直後のように、目の前には大きな失敗による結果が広がっている。しかし、このポッカリと抜けるような青空の下で、ぼくたちの可能性は無限にある。ぼくはこの時代に働けることを素直に感謝している。

二〇〇三年九月十日、店長コンベンションの会場でぼくは、「二〇一〇年売上高一兆円」宣言をした。これから七年あまりで売上高を三倍強に増やす相当高い目標だ。第二ブランド導入やM&Aを念頭におき、国内・海外合わせた連結売上高である。極めて達成の難しそうな高い目標を掲げ、その実現に向けて皆で奮闘努力することこそ大事なことだと思っている。

あとがき

ぼくの小さな時のあだ名は「山川」だった。他人が「山」と言えば、自分は「川」と言う。どこか天邪鬼なところがあった。ぼくは他人に逆らうつもりはないものの、真面目なわりに何に対しても斜に構える独りよがり、と見られていたかもしれない。当時、父親譲りの負けず嫌いがベースにあったとはいえ、ぼく自身は何でも、自分で分析し、自分の頭で考えたことを言っていたにすぎない。ぼくは、わがままで欠点の多い人間だとは思うが、「自分自身を客観的に分析・評価できる」という長所を持っている。

以前、当社の役員と部長全員で３６０度評価というものをやってみた。自分自身の能力について、自己評価したものと周囲の人たちに評価してもらったものを比較する。ぼくの結果は、両者が「ほとんど同じ」だった。ぼく以外の人たちは、自己評価と他者評価がそうとう乖離していた。ぼくは自信過剰になることもないかわりに、卑下することもない性格のようだ。ぼくが従来の経営者タイプと違うように見られるとすれば、この点が大きいかもしれない。

別に自慢したくて述べたわけではない。この「自分自身を客観的に分析・評価できる」ことは本来、経営者に必要な資質なのではないか、と思うからだ。

何度も言うが、当社は今まで、失敗を繰り返しながら成長してきた。考えて実行して、失敗したら引き返し、また挑戦する。失敗を失敗と認めるのは、自分の行動結果を客観的に分析・評価することができないと難しい。失敗を失敗と認めずにいると、だらだら続けて傷口が広がってしまう。無駄なことだ。

世間一般には、ぼくは成功者と見られているようだが、自分では違うと思っている。本書でも触れたように、実は「一勝九敗」の人生なのだ。勝率でいうと一割しかない。プロ野球のピッチャーではすぐに首になるか二軍落ちは確実だ。もし、これでも成功と呼べるのなら、失敗を恐れず挑戦してきたから今の自分があるのだろう。野球でも盗塁の成功率が高いチームは、盗塁をねらって走る回数が非常に多い。刺されることを考えていては走れない。走れば走るほど盗塁成功率が上がってくる。経営にも同じことが言えよう。

今後とも、「店は客のためにあり、店員とともに栄える」という、当たり前でぼくの一番好きな言葉を実践するために、経営チームおよび社員全員で一緒になって挑戦しつづけたいと考えている。

結びに替えて、読者の皆さんに「起業家十戒」と「経営者十戒」を進呈しよう。そのまま参考にしていただくのもよし、巻末の経営理念とあわせ、ご自分なりの経営理念を作って実践されるのもよいのではないかと思う。

起業家十戒

1. ハードワーク、一日二十四時間仕事に集中する。
2. 唯一(ゆいいつ)絶対の評価者は、市場と顧客である。
3. 長期ビジョン、計画、夢、理想を失わない。
4. 現実を知る。その上で理想と目標を失わない。
5. 自分の未来は、自分で切り開く。他人ではなく、自分で自分の運命をコントロールする。
6. 時代や社会の変化に積極的に対応する。
7. 日常業務を最重視する。

8. 自分の商売に、誰よりも高い目標と基準を持つ。
9. 社員とのパートナーシップとチームワーク精神を持つ。
10. つぶれない会社にする。一勝九敗でよいが、再起不能の失敗をしない。
キャッシュが尽きればすべてが終わり。

経営者十戒

1. 経営者は、何が何でも結果を出せ。
2. 経営者は明確な方針を示し、首尾一貫せよ。
3. 経営者は高い理想を持ち、現実を直視せよ。
4. 経営者は常識に囚(とら)われず、柔軟に対処せよ。
5. 経営者は誰よりも熱心に、自分の仕事をせよ。
6. 経営者は鬼にも仏にもなり、部下を徹底的に鍛え勇気づけよ。
7. 経営者はハエタタキにならず、本質的な問題解決をせよ。
8. 経営者はリスクを読みきり、果敢に挑戦をせよ。
9. 経営者はビジョンを示し、将来をつかみ取れ。
10. 経営者は素直な気持ちで、即実行せよ。

経営理念の解説

第一条　**顧客の要望に応え、顧客を創造する経営**

（本文130ページで解説済み）

第二条　**良いアイデアを実行し、世の中を動かし、社会を変革し、社会に貢献する経営**

（本文130ページで解説済み）

第三条　**いかなる企業の傘の中にも入らない自主独立の経営**

当社は以前、紳士服店をやっていたが、取引をしていた紳士服メーカーのほとんどが商社に吸収されたり、廃業や倒産の憂き目にあった。最初は自分達で資金をだして経営していても、次第に商社などの仕入先が支配していき、最終的には系列化され、その産業自体が衰退すると、傘下の会社はつぶれていった。

なぜこのようなことを述べるのかというと、自分達で考えて自分達でやるようにしないと、全ての仕組みを変えることができないからである。われわれが、もし今でも紳士服店を続けていたとしたらどうだろう。つぶれていたかもしれない。自分達で商品を作り始め、お客様にダイレクトに販売するカジュアルウエア企業に変えたことで、危機をくぐりぬけられたのではないか、と思う。常に環境に適応し生き続けるためには、変化し続けなければならず、自分で自分の運命を決めることができない限り、「自分を変える」ことはできないと思う。

人は他人からとやかく言われて働くのはいやだし、他社の意のままに働かされるのはもっといやなはずだ。自分のために、能動的に仕事をすべきだ。理想や目標は個人や企業によって違う。自分たちが理想とする会社を作ろうとしたら、会社を自分たちで自主的にコントロールしていかなければ達成できない。

勘違いしてほしくないのは、「自主独立」は、自己中心的なこととはまったく違うということだ。企業経営者には自己中心的な人が多い。自分がルールだ、常に優先順位第一位だと主張している人もダメである。単なる金儲け主義に偏った人に経営を任せていては、自主独立の経営はできない。

理想的な会社を作ろうとしたら、正しい考えの人たちが、目標に向って正しく実行できるような会社にしないといけない。そういう前提に立った自主独立の経営を大事にしていきたい。自主独立の精神でないと、自分たちの運命を自分たちで決めるということはできない。

第四条　現実を直視し、時代に適応し、自ら能動的に変化する経営

小売業の場合とくに顕著だと思うが、お客様や周りの環境に対してどうしても受身になってしまい、攻めようとしない。店を開く前はあれこれ考えるが、開いたらそれでお終(しま)い。黙ってお客様を待っていたら、売れない店は絶対に売れない。店の態勢を抜本的に変えようとしなければ売れる店には変身しない。

売れないという現実を直視して、どう対応していくか。それは時代背景、社会環境やお客様の心理を読むことから始まる。「自分だったらこうする」と考えていろいろと実行してみることだ。能動的に対応していくことこそが大事なのだ。

個人でも企業でも同じだと思うが、チャンスというのは、待ち受けてから摑(つか)むやり方に慣れてしまうとそれは後追いと同じである。たまたま今週の売れ筋商品は、一位がトランクス、二位がポロシャツ、三位がショートパンツだとする。この三つの商品を着ると、まさに「おっさんのファッション」になってしまう。「こうありたい」と

か、「ユニクロではこういった商品を売りたい」と思うのならば、なすすべもなく待っているのではなく、能動的に商品構成を変えていかなければいけない。二〇〇一年八月期が四千百八十五億円の売上高だったので、二〇〇二年八月期は五千億円の売上高のつもりで計画したのに、三千四百十六億円になってしまった。ということは、かかる費用を三分の二に押さえなくては利益は出せない。これは、受身では絶対変えられない。自分達全員で能動的に変えていこうと心底思わなくては減らせないのだ。

事業というのは、もともとほとんど成功しないものだと思っている。十回やったらおそらく九回は失敗する。成功しようと思ったら、今述べたことを全部クリアしてうまくやれば成功するが、確率としては非常に低い。そのためにも、チャンスがあったら自分からどんどん近づいていき、自ら実行していかないとうまくいかない。客観的な要因と主体的な部分がうまく嚙み合ってこそ、成功につながると思う。これらを継続してはじめて、企業は永続するのだ。

第五条 **社員ひとりひとりが自活し、自省し、柔軟な組織の中で個人ひとりひとりの尊重とチームワークを最重視する経営**

「自活する」ということは、一人前になるということ。一人前になるということは、どこの会社にいっても「食べていける」こと。どんな境遇でもその仕事で「食べていける」ということだ。社員には、まず一人前になっていただきたいと思う。また、上司には部下を一人前にしなければならない義務がある。

「自省する」とは、自分の行動を反省して、次にどうやっていくかを考えることである。計画し、実行し、反省し、次の行動に活かす。そういうサイクルを自分でまわしていくことが重要である。自活し、自省しないと、仕事仲間や交渉相手に一人前として認めてもらえない。自分で自分の仕事をまわしていかない限り、自分の仕事とか自分というものを認めてもらえないはずだ。

「柔軟な組織でひとりひとりを尊重する」というのは、それぞれ個人が自活して自省していなければ実現しない。チームで仕事をする場合に一番悪いのは、マンネリ化・硬直化・形式化・表面主義だ。例えば、「仕事をやっているような格好はしているが、まったく成果があがらない」状態。やはり根本から本気で実行しなくては、成果はあがらない。野球に例えれば、ピッチャーはピッチャーの本来の仕事をしない限り絶対に勝てない。ピッチャーがキャッチャーの能力や相性ばかり気にする。これでは駄目なのだ。自分達ひとりひとりが自活して自省する。それが柔軟な組織の源をつくると思う。

「自活」か「自省」のどちらかが抜けていると組織は硬直化する。われわれの組織が今ややもすると硬直している原因は、まさにそこにあると思う。自活し自省できれば、個人個人の尊重ができると思う。個人個人の尊重というのは、それぞれの持ち味、あるいは欠点を認め合って仕事をするということに通じる。

「自活」と「自省」は組織と相反しているように思うかもしれないが、そんなことはない。チームプレーの基礎は、すべて個人プレーである。これを両立させるということが、組織で経営する、運営するということ。これができてはじめて仕事ができ、反対にそれがないと仕事はできないと思う。

個人プレーを優先し誰にも聞かずに自分の思った通りにやる人がいる。逆に、自分で考えないで上司にすべての判断を仰いでいる人もいる。これは、両方ともダメだ。組織内では全員がもっと柔軟に考え、ひとりひとりが柔軟に行動できるようにしていただきたいと思う。

第六条　世界中の才能を活用し、自社独自のＩＤを確立し、若者支持率No.１の商品、業態を開発する、真に国際化できる経営

日本にはもともと資源がほとんどないが、文化やいろいろなアイデアも独自のものは少ない。日本は中国や欧米諸国から伝来してきたミックス文化の国だ。その意味からも、世界中の才能を活用しながらやっていくのは、当然の流れで、世界中の企業と競争するためにもそうせざるを得ない。日本で一番ということは、今度は世界が競争相手だということ。われわれの規模になったら世界中で競争して勝ち残れないと、日本でも勝ち残れない。そのためには、世界中の才能を活用しない限り勝ち残れない。才能には国境がなく、日本のような国であればなおさら国境を作ってはいけないと思う。社員の皆さんも「海外で活躍しよう」と思わないといけない。

カジュアル衣料の分野のアイデアは主にアメリカのものだ。それを吸収し、主に中国で商品を作り、日本全国とイギリスと中国にユニクロという店舗を出店している。これが当社のＩＤ（アイデンティティ）である。

「自社独自のアイデンティティ」とは、他社にはない独自の考え方、スタンスを自分たちで確認することである。最近の社内のものごとの決め方をみると、他の企業と同じようになっている気がする。「去年これをやったから」、「他社がこういうことをやっているから」。これでは会社はつぶれる。

去年と今年を変えない限り、会社はつぶれると思って欲しい。あまりにも他の会社と同じようなことをやり過ぎるのも問題だ。他の会社が目ざましい利益を上げているのであればまだ良いのだが、成長してもいないし、儲かってもいない。同じ事をやったら絶対失敗する。だからアイデンティティというのは非常に重要である。一つ一つの行動・事象で差別化できない限り、会社は成長しない。「同質化＝死」と考えるべきだ。

「若者支持率No.1」というのは、まず「若い人＝感受性が鋭い」ということ。われわれの生み出す商品は、そういう感受性の鋭い人たちに支持されない限り、うまくいかない。いまの当社は色々な面で硬直化してきていて、若者支持率No.1ということが抜けてきている。たとえ、お年寄りに評価されていたとしても、若い人たちに評価されないと将来性はない。単にトレンドを追うのではなく、若い人に本質的な点で評価されるにはどうしたらよいのかを考えなくてはならない。商品としての本質、あるいは会社として追求する本質を感受性の鋭い若い人に評価されることが必要だと思う。「商品」とか「業態」は自らが開発するもの。毎年変えていかなくてはいけない。「自分たちが考えて作らない限り変えられないし、変化がないと国際化もできない。「自分たちが持っているもの」がない限り、海外に行っても無駄だ。だから、この「元」のところを作っていって欲しい。

第七条　唯一、顧客との直接接点が商品と売場であることを徹底認識した、商品・売場中心の経営

当社の社員であれば誰もが、直接間接を問わず、お客様や売場そして商品に関わり、それぞれ何らかの影響を与えているはずだ。ゆえに、個人個人それぞれが柔軟に仕事を変えていかない限り、商売はうまくいかない。世の中はどんどん動いているので、それにあわせて変化させ、お客様の要望や時代のニーズとジャストミートしないと売上はとれないし、利益も出ない。「唯一、顧客との直接接点が商品と売場であることを徹底認識する」ということは、どんな仕事をやる場合にも必要になる。

例えば、経理や財務の仕事、あるいは人事の仕事をやっていても、お客様と商品と売場、これがどういう関係になっているのか、商品や売場は現状認識としてどうなっているのか、将来どうあるべきなのか、また、自分としては商品や売場にどのように貢献できるのか、ということを考えてもらわないと、その仕事はうまくいくはずがない。つまり、全てはお客様のために仕事をやっているということ。経理の仕事をしていても、経理の上司がいて、その上の上司としてお客様がいる、と思わないといけない。

お客様にとって効果がまったく無い仕事は無意味だと思う。それを直接効果があるようにするためには、商品と売場を変えることが必要で、それがあって初めて、お客様の要望にジャストミートする、ということだ。組織が大きくなると、この認識が一番に抜けてくる。すでに当社はかなり抜けてきている。

ぼくは、最近の社員の皆さんの仕事振りにたいへん危機感を持っている。改善しないとまずいと思う。特に、管理職者ほど「自分の責任だ」と思い集中して改善に取り組むべきである。そして、この商売で飯を食っている以上は、商品と売場に関して必要最低限のことを必ず知っておく必要がある。それを知らない限り、どんな仕事も本当の意味では出来ないと思っている。

第八条　**全社最適、全社員一致協力、全部門連動体制の経営**

「全社最適」や「全社員一致協力」も非常に重要なことだ。自部署の都合だけを優先して考えることは、絶対にしてはならない。自部署の都合を優先すると、全社最適を忘れてしまうことになりかねない。

今までの失敗例を見てみると、次のステップへの足がかりになるような「良い失敗例」ならまだしも、とんでもない方向に行ってしまう「悪い失敗例」がかなりある。

自部署の都合だけを考えていることが原因だと思う。絶対に「全社最適」を第一優先にしてほしい。人間が増えれば増えるほど、自部署の都合で仕事をしないことが大切になる。この考え方がない限り、多い人数で一緒になって仕事をするということは無理だ。

「全社員一致協力」も忘れてはならない大原則である。討論や論争をしてお互いに競い合い、高めあうということは非常に大事だが、根底にお互いに対する信頼感や一致協力してやっていこうという気持ちがない限り、仕事はうまくいかない。基本的に一致協力してやっていこうという気持ちがない人はやはりダメだと思う。

一見、一致協力することと、討論したり競い合うことは相反するように感じられるが、根本の部分では同じ。本当に一致協力してやろうと考えたら、相手の言うことをよく聞いて、自分の言うこともよく聞いてもらい、その上でどうするのかというプロセスを踏む。それがないと一致協力は出来ないと思う。お互い同士がよく知り合って、そのうえでどうするのか、ということを考えてやっていただきたい。

「全部門連動体制」については、まず、「会社の組織はコンピュータに似ている」ということから説き起こそう。どちらも、どこか一ヶ所がダウンすると、全部が回らなくなる。会社の組織は、すべてが連動していないと目的を達成できないのだ。

すべての部門を連動させようと思ったら、まったく個別に思えるようなことをやっていたとしても、全社や他部署の動きを考えて、それらに連動させるという意識を積極的にもたないとダメ。この点が、いまの当社は弱くなっており、非常に内向きになっている。自部署で内向きになり、さらに、自分の仕事で内向きになっている。常に、外向きに仕事をやっていただきたい。極論だが、「自分の仕事が社会に全部つながっている、世の中に全部つながっている」と思って仕事をすべきだ。

第九条　スピード、やる気、革新、実行力の経営

最近の当社は、革新的な企業ではなくなりつつあると思う。あまりにも保守的、あまりにも用心深く、あまりにも表面的な企業になっている。スピード、やる気、革新、実行力は、小さくて良い企業の特徴だ。それが無くなりつつあるのは、大企業病の現われかもしれない。

社員の皆さん全員にお願いしたいのは、「自分が経営者」だ、と思ってほしいこと。経営者は「企業を儲けさせる」、「企業を成長させる」ためにいる。これが達成されないと、企業の将来は開けない。そのためにスピード、やる気、革新、実行力は絶対に必要な概念なのだ。これらが絶対必要だと心底思ってほしい。そして、手続きや報告が器用にできるだけでは駄目だと考えてほしい。

世の中が急激に変わってきている。このままでは当社は、他の企業と同じように沈む可能性がある。当社には他の企業以上に逆風がふいているので、スピード、やる気等がない限り前にも進まない。会社に期待するだけでなく、自分自身で実行するときに常に心がけていただきたい。

企業は環境の変化とともに自己改革していかなければ生き残っていけない。改革する場合にもスピード、やる気、革新、実行力の四項目がない限り変えることはできない。昨年と同じ事をやれば同じ結果が出る、という保証はまったくない。昨年と同じ事をやったら、成果はおそらく昨年の三分の一だ。プラスアルファーとして、どんな価値を付加するかを考えて、考えて、考え抜き、答えが出たら即実行するようにしてほしい。

第十条　**公明正大、信賞必罰、完全実力主義の経営**

勘違いしないでほしいのは、この条文に書かれていることは「会社のモットー」ではないということ。これは、会社がそうする、のではなく、社員の皆さん自身が実行しないといけないことなのだ。何か「会社」という自分たちとは別物の客体があって、それが「皆さんの代わりに実行してくれる」、そういう風に思っているのかもしれないが、それは誤解である。

「公明正大、信賞必罰、完全実力主義」を「実行する」のは皆さんだ。実行する、とはどういうことかというと、四半期に一度の評価や人事考課の時だけが問われているのではない。

例えば「公明正大に仕事をする」とは、良くやった人には良くやった時点で誉め、良くやらなかった人にはその時に注意する、ということ。日々の仕事のなかで実行することが大事だ。

「完全実力主義」とは、同じ土俵で、フラットで明解、かつ透明性の高い組織で、気分良く仕事が出来る場をつくる、ということを指す。「気分良く仕事をする」というのは、仕事をする上で必要最小限のことだ。皆さんにこれらの実行をお願いしたい。今出ている問題点も成果も皆さんの努力次第なのだ。

第十一条　管理能力の質的アップをし、無駄を徹底排除し、採算を常に考えた、高効率・高配分の経営

人は誰でも、「営業」とか「商品」に関心が向くと思うが、裏方である「管理」にはなかなか目が向かない。だが現実問題として、商売をやる上では、営業や商品以上に管理面がしっかりしていないとうまくいかないことが多い。どんなに稼いでも「ザルから水が漏れるように出金が多い」と利益はぜんぜんあがらず、赤字の垂れ流しとなる。売れているお店・派手な企業はあったとしても、儲かっていない企業である場合が多い。儲かるか儲からないかの違いは「管理能力の差」によると思う。

管理能力の質的アップをするためには「具体的な実行」が必要だ。具体的に収益が上がる工夫と無駄の排除を積極的にやっていただきたい。無駄は、各自が「徹底的に排除しよう」と思わない限り、排除できない。無駄を百%カットしようと思って実行してほしい。

あらゆることに関して、採算面を考えていない人が多いと思う。企業の活動全てに「人」・「費用（モノやカネ）」・「時間」がかかっているので、本当に採算にあっているのかを考えて取り組んでほしい。そうした取り組みが高効率・高配分の経営につながる。また、高効率・高配分の経営を実行するためには、明確な数値目標を決めてやらない限り、うまくいかない。数値で示せないものは、実行できないと思う。

第十二条　成功・失敗の情報を具体的に徹底分析し、記憶し、次の実行の参考にする経営

　ほとんどの人は、成功した時も失敗した時も分析しない。何かボヤッと「成功してよかった」、あるいは「失敗してまずかったなあ」としか考えない。実行した個々の内容を具体的に分析し、因果関係がはっきりとわかるまで考え抜くことが必要だ。抽象論ではなく、具体論で考える必要がある。また、次の段階で成功するには、徹底分析した経験の蓄積が必要となる。

　分析したあらゆる情報を、次の実行のために役立てるには、しっかりと「記憶」することも大切だ。皆さんとぼくが違うとすれば、過去に実行あるいは勉強したことの記憶量だと思う。ぼくは、経験したこと以外でも小売業の情報に関して言えば、日本の中で良く知っている方だと思う。アメリカの小売業のことも評論家や学者以上に知っていると、自分では思っている。皆さんも、評論家や学者以上に学び、研究し、記憶しようと努力してほしい。そして、その「記憶」を次の事業の参考にしていただきたい。記憶しても、実行の際の参考にしなくては意味がない。情報というのは記憶するためにあり、記憶は実行するためにあるのだ。

第十三条　積極的にチャレンジし、困難を、競争を回避しない経営

「チャレンジする」ことと、「困難と競争を回避しない」ことは重要である。過去、あらゆるジャンルにおいて、チャレンジしないで成功した企業はない。ものには必ず「チャンスとリスク」がある。その両方を認識した上でチャレンジすることが大事だ。個人にも同じことが言え、チャレンジしない人には「成功」は無い。

ただ単にチャレンジするだけでは、ダメだと思う。「積極的にチャレンジする」、あるいは「これは絶対に解決してやろう」という強い意志が必要なのだ。そのためにはやはり、あらゆる事業には困難や競争があって、「これを解決してやろう」と思うことだ。困難や競争を回避した企業は全部ダメになっている。これは、国でも個人でも企業でもどこでも同じだ。

聖書の言葉に「狭き門より入れ。滅びにいたる門は大きく、その道は広く、これより入るもの多し」（『マタイによる福音書』第七章十三節）というのがある。門が広いと、入ろうとする人が多く、過当競争でダメになる。誰もが考えることなので評価されにくい。「これは難しそうだ」と果敢にチャレンジして、そこで活路を見出（みいだ）す。目標に到達するには、「狭き門」のほうが近道であることが多いのである。

第十四条　プロ意識に徹して、実績で勝負して勝つ経営

プロである以上、実績すなわち結果が重要である。野球でいえば、いいバッターは3割以上打つ、いいピッチャーは15勝するなど、結局は実績を残さないと誰にも評価されない。

自分はプロであると自覚したうえで、「勝つ」ということが目標だと思ってほしい。勝てないプロには値打ちが無いということだ。スポーツでいえば、いつも負けているチームは、いずれその世界からは退場していくはずだ。われわれも、プロとして仕事をしていく以上は、スポーツ同様に実績を残して勝たないといけない。それも誰にでも解る(わか)ような実績を残す必要がある。たとえば、売上や利益などの経営成績、商品、店、接客という観点に立って「実績を残す」ということが大事だ。

勘違いしては困るのは、「努力している」あるいは「人並み以上にやっている」とばかり言う人。やはり、実績をあげないとダメ。上級管理職になればなるほど、一生懸命仕事するというのは絶対条件で、一生懸命やらない人はその時点でダメなのだ。評価に値しない。

とはいえ、人柄がよいとか、真面目(まじめ)にコツコツやっている、よく頑張ったなど、実績に直接結びつかないことを評価の対象にしないと言っているわけではなく、ある程

度は評価すべきだと思う。八十%は実績で、あとの二十%はそれ以外のところで評価すればよい。お金をもらって仕事をするプロとはそういうものだ。
「勝負して勝つ」、あるいは「最終結論で勝つ」。
誰が見ても、勝ったと認識できる実績を出してほしい。

第十五条 **一貫性のある長期ビジョンを全員で共有し、正しいこと、小さいこと、基本を確実に行い、正しい方向で忍耐強く最後まで努力する経営**

設立当初から「こういう会社にしたい」といった一貫した長期ビジョンがない会社は、成長しない。自動的に商売が繁栄するということは、普通はありえない。「こういう会社にしたい」、あるいは「絶対こういうことをやろう」と経営者がビジョンや目標を持たないと、商売はうまくいかない。例えば「こんなサービスをしよう」と思っていても、長期ビジョンがない限り、サービスの本当の動機付けにはならないものだ。

成功する会社に共通しているのは「正しいこと、小さいこと、基本」を徹底的にやり切るということだ。一見するとできているように見えるのだが、ほとんどの会社はできていない。やる以上は徹底して、百%正しいこと、小さいこと、基本をやり続ける。そういう一歩一歩がとても大事なのだ。〇・〇〇一メートルつまり一ミリの差が、先に行けば行くほど、非常に大きくなる。毎日基本をやっていれば、ことは解決する。それをやらないと次のステージには行けない。「毎日毎日、飽きるほどやること」が成功する秘訣(ひけつ)である。

第十六条　商品そのものよりも企業姿勢を買ってもらう、感受性の鋭い、物事の表面よりも本質を追求する経営

われわれが提供しているサービスでは、他社との本質的な差別化は難しい。われわれが「できる」ことは、競合先も「できる」と思わなくてはいけない。売る側に立つと他社と大きな差があるような気がしているが、買う側からすれば、大した違いはないのだ。

では、何で差が生じるかというと「企業姿勢」である。われわれの会社がどんな会社なのかといった細かな情報はとても重要だが、その中でも企業姿勢は一番重要だ。当社の企業姿勢をはっきりさせ、お客様にはそれを買っていただけるようにしなくてはならない。商品と同時に企業姿勢を買ってもらわないと商売は始まらない。

企業姿勢には、経営方針、取引姿勢、社員のものの考え方、外部の人たちとの接し

方など会社のすべての基本スタンスが含まれる。それらがすべて一貫していてブレがないことが望ましい。

それと同時に、社員全員がいつでも感受性を研ぎ澄ませて、物事の本質を見極められるようになってほしい。物事は表面的な出来事よりも、本質が大切だ。会社でも個人でも本質的に「こういうことをしたい」とか「これは理解できる」、あるいは「共鳴できる」と思わないと永続性はないし、一貫性のある長期ビジョン追求にはつながらないと思う。

第十七条　**いつもプラス発想し、先行投資し、未来に希望を持ち、活性化する経営**

未来に希望を持って行動しないと、今の日本社会のようになってしまう。

ひと昔前はヨーロッパ・アメリカが不況に苦しんでいたが、今は日本が最悪の状況になっている。国の経営だけでなく、会社の経営、家庭、ひいては個人の人生設計まで同じ状況になっていると言えるのではないだろうか。

商売や経営は現在と未来しかないもので、過去を振り返るよりも将来に向かって努力することのほうが大事なのだ。未来に希望を持っているのといないのとでは、努力によって得られる成果の差は大きい。「もっと良くなる」と信じて商売をやることが、成功するコツなのだ。未来は良くなると思わなければ誰も行動しない。人間には二通りの人がいると思う。いつも未来を見ている人、いつも昔を振り返っている人。未来を見てプラス発想し、将来こうなる、と思わないと駄目だと思う。

第十八条　明確な目標、目的、コンセプトを全社、チーム、個人が持つ経営

明確な目標、目的、コンセプトを持っているか持っていないかで、「十年たったら百倍」の違いが出る。人生も会社も、あらゆる物は有限。寿命がある。終わりがあるとすれば、最終的にどういったことをするのか、明確な目標（＝こういうふうになりたい）とか目的（＝こういう事のためにこうしたい）とかコンセプト（＝一言で言うと「全体」という概念）を持たなくてはいけない。多くの人はボヤッとしか考えていないと思う。ボヤッと思っていてはダメだ。明確に「目標、目的、コンセプト」を全社、チームひいては個人で持つと、持たなかった場合と比較して百倍ぐらい違ってくるはずだ。

ボヤッとしたものしか持っていなければ、一生を終えたとき、あるいは会社で三十年経った段階で、何も成果を得ることはできず、達成感がないと思う。チームでも同じだ。このチームは何のためにあるのか、全般的にはどういう仕事をするのか、今どこに存在してこれからどこへいくのか、全社のなかで他のチームとどういう関わり合いがあるのか、社会にどう貢献するのか、といった様々なことを考えながら行動すべきだと思う。

第十九条 **自社の事業、自分の仕事について最高レベルの倫理を要求する経営**

まず、自社の事業や自分の仕事についてよく考えて欲しい。

上司から与えられた仕事とか、会社から与えられた仕事だという感覚ではダメである。自分自身の成長は望めない。また、個々の仕事が「最高のレベル」でないと会社は続かないと考えて欲しい。

昔から中小企業とか零細企業は、モラルが低くて倒産する例が多かったが、最近では大企業でもそんな例が増えてきた。近ごろ大手の食品会社で不祥事がマスコミに大きく取り上げられたが、あっという間に解散を余儀なくされた。

企業が生き延びるためには「倫理」をはっきりさせない限り生き延びられない。「生きる道」をきちっと示すことが重要だ。きれいごとではなく、経営上最低限必要なこと。正しい企業倫理を持たないと売れなくなり、仕事がなくなる。個人でも同じだ。

この人は「倫理感がない」と一度思われれば、信用されず、次からあてにされなくなる。それは非常に寂しいことだ。次もあてにされる人にならなくてはいけない。事業も個人も一緒。だから、自分自身で「最高レベルの倫理」を追求し、他人にも要求し続けていただきたい。

第二十条　**自分が自分に対して最大の批判者になり、自分の行動と姿勢を改革する自己革新力のある経営**

一時的に成功したとしても、「自己革新力」のない企業は長続きしない。環境に対応しながら、自分で自分自身を変えられない企業は生き残れない。企業というのは、「経営する人の意思」で変えられる。当社には優秀な人は多いが、「自分が自分の最大の批判者」になっている人は少ないと思う。自分を客観視できないと、優秀でも考え方が甘い、単なる自我が強い人だと思われる。「ひょっとして自分は間違っているのではないか」と思わないと、大きな失敗をすると思う。頭が良い人、自分の論理に自信を持っている人ほど、もっと自分を批判しないと生き延びられないのではないだろうか。

同じことが、企業にも言える。また、考え方だけを変えても意味がなく、行動と姿勢も変えなくてはいけない。頭でわかるだけでなく、体がついていくようにしなくてはならない。頭だけでなく体・姿勢を変えるようにお願いしたいと思う。

十九条と二十条は、ある意味で同じような事を言っているが、企業・組織・チームでは欠落しやすい理念だ。人が増えれば増えるほど抜けやすい。日本の企業・個人は圧倒的にこれが抜けていると思う。これが墓穴を掘る結果につながると戒め、常に意識するようにしてほしい。

第二十一条　**人種、国籍、年齢、男女等あらゆる差別をなくす経営**

読んだとおりでそのままなのだが、当社には比較的に、自分が差別しているという意識のない人が多いと思う。これは差別を受けている人よりも、差別をしている人の問題だ。こういうことに関して、常に意識して注意しないといけない。そのためには、さまざまな事に関して何でもオープンに言い合える環境が必要だと思う。社員全員で、そのような環境を育てていってほしいと思う。

第二十二条　**相乗効果のある新規事業を開発し、その分野でNo.1になる経営**

このことは現状では、全く出来ていない。今から相乗効果のある新規事業をやっていきたいと考えている。そのためには会社の内部から「新規事業を立ち上げたい」という強い意思をもった人が出てこないと駄目だと思う。外部の会社を買って、当社としての新規事業をやるにしても、社内からでた人中心でやっていただきたいと思う。他事業の会社を買収・合併して外部の人に任せるだけではうまくいかないだろう。日本のファッションビジネスという分野では、当社のマーケットシェアはまだ五%ぐらいと低く、しかもベーシックカジュアルという一部の分野でしか活動していない。今の事業と相乗効果のある新規事業は沢山あるので、この数年で形にしていきたいと思っている。

第二十三条　仕事をするために組織があり、顧客の要望に応えるために社員、取引先が有ることを徹底認識した壁のないプロジェクト主義の経営

この条文は大企業病になりかけていた時期に、組織のあり方をもう一度考える意味で付け加えたものだ。組織が大きくなると、はじめに組織ありきで仕事を作ってしまいがち。しかし、組織は仕事をするためにある。仕事がなかったら組織は必要ない。仕事をするために、どういう組織がよいのかを柔軟に考えなくてはならない。

組織というものは、一度決まれば固定化して考えてしまう人が多いと思うが、組織はどうにでも変えられる。組織を作ってから仕事を作るのでは会社はうまくいかない。会社というのは、ビジネスチャンスがあって、人・モノ・カネが集まってきて、その中で顧客の要望に応え、収益をあげるために作るのだ。それが会社の原点である。

何度でもいうが、仕事をするために組織がある。社員も取引先も、最終的に顧客の要望に応えられなければ仕事をする必要はない。「仕事イコール顧客の要望に応えること」と思ってもらわないといけない。

「顧客・社員・取引先」の優先順位を間違えないようにしてほしい。うまくいっていない会社は、大抵その順序が逆になっている。「取引先・社員」が大事で、次に「顧客」となっている。そうではなく、仕事をするために組織があって、顧客の要望に応えるために取引先・社員があるのだ。何かが機能せず、組織がおかしいなと思ったときはいつも、この順序を正すようにしていただきたい。

「壁のないプロジェクト主義」とは何か。プロジェクトは、目的が達成され満たされたら解散するものだ。プロジェクトというものには期限がある。逆に、つねに期間・期限があると思わないといけない。われわれの業界もハイテク業界となんら変わらない。一つ状況が変わったら、根本的に組織とか仕事を変えなくてはならない。同じ事を永遠にやっていたら会社はつぶれる。

当社のいる業界は、ある意味ではハイテク業界に一番近いかもしれない。これまで「NO」だと言っていたものが突然「YES」になり、「YES」といっていた事が「NO」になる可能性が非常に強い業界だ。壁をつくったら、マーケットや会社全体が見えず失敗するだろう。だから組織は固定せずに、いつでもプロジェクト単位で進めるのが良いと考えている。例えば、あるプロジェクトでは部下が上司となるようなケースがあっても良いと思う。会社というのは、もともとそういうものではないだろうか。

株式会社ファーストリテイリングの軌跡

一九四九年三月　山口県宇部市で柳井等が個人営業にて「メンズショップ小郡商事」を始める。

一九六三年五月　個人営業を引き継ぎ、資本金六〇〇万円にて小郡商事株式会社を設立し、本店を山口県宇部市大字小串におく。

一九六九年三月　メンズショップ小郡商事の福岡県第一号店を北九州市に出店。

一九七二年八月　柳井正入社。

一九八四年六月　広島市にカジュアルウェア販売店「**ユニクロ**」**第一号店**（ユニクロ袋町店→九一年八月閉店）を出店。同年九月、柳井等の会長就任と同時に柳井正は社長に就任。

一九八五年六月　山口県下関市に郊外型店舗第一号店として、ユニクロ山の田店を出店（九一年八月閉店）。

一九八五年一〇月　岡山県第一号店を岡山市に出店（ユニクロ岡南店）。

一九八六年一〇月　フランチャイズ店第一号店を山口市に出店（ユニクロ山口店）。
一九八八年七月　全店にPOSシステムを導入。
一九八八年一二月　和歌山県第一号店（ユニクロ国体道路店）FC出店。
一九八九年二月　素材段階からの自社企画商品の開発体制充実のため大阪府吹田市に商品部大阪事務所を開設。
一九八九年三月　愛知県第一号店を名古屋市に出店（ユニクロ名古屋鳴海店→九七年六月閉店）。
一九九〇年三月　島根県第一号店（ユニクロ出雲店）FC出店。
一九九〇年九月　商品情報および販売情報の新コンピュータ情報システム導入。
一九九〇年一二月　愛媛県第一号店を今治市に出店（ユニクロ今治店）。
一九九一年九月　行動指針を表象するため、社名を小郡商事株式会社から株式会社ファーストリテイリングへ変更。**本格的にチェーン展開**を開始する。
一九九一年一〇月　兵庫県第一号店を明石市に出店（ユニクロ明石魚住店→二〇〇一年四月閉店→明石大久保店として移転オープン）。
一九九一年一一月　佐賀県第一号店（ユニクロ佐賀店）、岐阜県第一号店（ユニクロ岐阜則武店）、熊本県第一号店（ユニクロ熊本健軍店）、香川県第一号店（ユニクロ高松今里店→二〇〇〇年一一月閉店）出店。

一九九二年三月　静岡県第一号店（ユニクロ静岡草薙店）、大分県第一号店（ユニクロ大分店）を出店。

一九九二年四月　紳士服販売店ＯＳ本店をユニクロ恩田店（二〇〇一年六月閉店↓宇部清水川店として移転オープン）に業態変更し、すべての店舗をカジュアルウエア販売店「ユニクロ」に統一。鹿児島県第一号店（ユニクロ鹿児島中山店↓二〇〇一年一一月閉店）出店。直営店舗五〇を超える（直営五三店、ＦＣ七店）。

一九九二年九月　企業規模の拡大および経営戦略の効率的展開のため、新コンピュータシステムを導入。

一九九二年一一月　長崎県第一号店（ユニクロ佐世保店）を出店。

一九九三年四月　沖縄県第一号店（ユニクロ与那原店↓二〇〇三年一月閉店）を出店。

一九九三年一〇月　宮崎県第一号店（ユニクロ宮崎江平店）、大阪府第一号店（ユニクロ羽曳野店）、京都府第一号店（ユニクロ伏見店）を出店。

一九九三年一一月　三重県第一号店（ユニクロ桑名大山田店）を出店。

一九九四年三月　本社新社屋を建設し、移転（山口県宇部市大字善和）。

一九九四年四月　奈良県第一号店（ユニクロ奈良八条店）、千葉県第一号店（ユニクロ千葉緑店）、埼玉県第一号店（ユニクロ鴻巣店）、高知県第一号店（ユニクロ高知店→一九九九年四月閉店→高知介良店として移転オープン）を出店。直営店一〇〇を超える（直営一〇九店、FC七店）。

一九九四年五月　茨城県第一号店（ユニクロ土浦店→二〇〇〇年一一月閉店、閉店時の店名は学園東大通店）、東京都第一号店（ユニクロ八王子楢原店→二〇〇三年一月閉店）を出店。

一九九四年七月　**広島証券取引所に株式を上場**する。

一九九四年一〇月　栃木県第一号店（ユニクロ小山店）を出店。

一九九四年一一月　神奈川県第一号店（ユニクロ小田原店）を出店。

一九九四年一二月　デザイン・情報収集機能強化のため、米国ニューヨーク市に百%子会社を設立（九八年七月解散）。

一九九五年三月　直営店一五〇を超える（直営一五二店、FC九店）。

一九九五年四月　長野県第一号店（ユニクロ長野稲葉店）を出店。

一九九五年一〇月　山梨県第一号店（ユニクロ甲府バイパス店）、群馬県第一号店（ユニクロ伊勢崎店）を出店。

一九九五年一一月　滋賀県第一号店（ユニクロ草津店）を出店。

一九九六年三月　直営店二〇〇を超える（直営二〇五店、FC一〇店）。

一九九六年一〇月　子供服の企画開発から販売までの一貫したシステムの完成を目指し、株式会社ヴァンミニを子会社化（出資割合八五・〇％、二〇〇〇年八月解散）。
一九九六年一〇月　宮城県第一号店（ユニクロ名取店）を出店。
一九九六年一一月　福島県第一号店（ユニクロいわき鹿島店→九八年八月閉店）を出店。
一九九六年一一月　自社企画商品開発体制充実のため東京都渋谷区に東京事務所を開設。
一九九七年四月　**東京証券取引所市場第二部に株式を上場する。**
一九九七年四月　山形県第一号店（ユニクロ米沢店）、新潟県第一号店（ユニクロ燕三条店）、石川県第一号店（ユニクロ野々市店）、鳥取県第一号店（ユニクロ鳥取店→二〇〇〇年七月閉店→スーパーモール鳥取店として移転オープン）を出店。
一九九七年一〇月　北海道第一号店（ユニクロ札幌藤野店→二〇〇二年九月閉店）、福井県第一号店（ユニクロ福井下馬店）、富山県第一号店（ユニクロ富山山室店）を出店。
一九九七年一一月　直営三〇〇店舗を超える（直営三〇九店、ＦＣ一一店）。
一九九八年二月　本社新社屋を建設し移転（山口県山口市大字佐山）。
一九九八年二月　商品部大阪事務所と東京事務所を閉鎖統合し、新たに渋谷区に東京

一九九八年四月　事務所を開設。

一九九八年四月　徳島県第一号店（ユニクロ徳島出来島店）、青森県第一号店（ユニクロ八戸湊高台店）を出店。

一九九八年一一月　首都圏初の都心型店舗として**ユニクロ原宿店オープン**。一〇月からの**フリースキャンペーン**も話題を呼ぶ。

一九九九年二月　**東京証券取引所市場第一部に上場**。店舗数三五五（うちＦＣ一一店）。

一九九九年四月　秋田県第一号店（ユニクロ大館西店）を出店。

一九九九年四月　中華人民共和国上海市に、同年九月同広州市に、生産管理事務所を開設。

一九九九年八月　八月期決算……店舗数三六八（うちＦＣ一一店）。売上高は一一〇〇億円を超え、一一一〇億八〇〇〇万円（前期比三三・六％増）、経常利益は一四一億六〇〇〇万円（前期比一二四・一％増）となる。九〇年八月期売上高五一億円から約二二倍、店舗数二七から約一四倍となる。

一九九九年九月　カタログによる通信販売の試験的運用を実施。

二〇〇〇年四月　直営店舗数四〇〇を超える（直営四一七店、ＦＣ一二店）。

二〇〇〇年四月　山口本社のマーケティング・マーチャンダイジング機能および東京事務所のデザイン機能を統合し、渋谷区道玄坂（渋谷マークシティウエスト）に新たに東京本部を開設。

二〇〇〇年六月　海外展開の布石として英国ロンドン市に子会社ファーストリテイリング・ユーケー・リミテッドを設立。

二〇〇〇年八月　八月期決算……フリースやデニムジャケット、ストレッチパンツなどのキャンペーンによりユニクロブランドの認知度が高まり、売上高前年比は既存店が一六七・七％、直営店全店で二〇七・一％となり、大幅に増加した。期末店舗数四三三（うちＦＣ一二店）。売上高二二八九億八〇〇〇万円（前期比一〇六・一％増）、経常利益六〇四億八〇〇〇万円（前期比三二六・九％増）。

二〇〇〇年一〇月　インターネット通信販売を開始。岩手県第一号店（ユニクロ北上店）を出店。

二〇〇〇年一一月　東西のフラッグシップショップとしてユニクロ渋谷神南店→二〇〇三年八月閉店、ユニクロ梅田店を開店。

二〇〇〇年一二月　東日本旅客鉄道株式会社および東日本キヨスク株式会社との業務提携により、新小型店舗第一号店ユニクロキヨスク新宿駅新南口店を

二〇〇一年四月　開店。

二〇〇一年四月　ＪＯＣ（財団法人日本オリンピック委員会）オフィシャルパートナーシップに合意。

二〇〇一年八月　直営店舗数が五〇〇店舗を超える（直営五〇三店、ＦＣ一二店）。

二〇〇一年八月　ユニフォーム・チームウエア事業を開始。

二〇〇一年八月　中華人民共和国に子会社迅銷（江蘇）服飾有限公司（出資比率七一・四三％）を設立。

二〇〇一年八月　八月期決算……売上高は前期比八二・八％増の四一八五億六〇〇〇万円、経常利益は前期比七〇・七％増の一〇三二億一〇〇〇万円となる。直営店五〇七店舗、ＦＣ店一二店舗、ユニクロの急成長期から安定成長期への移行を意識し始める。

二〇〇一年九月　国外初の出店となる英国ユニクロ店四店舗を開店。

二〇〇二年四月　デザイン機能の強化のためにユニクロデザイン研究室を設立。

二〇〇二年八月　八月期決算……売上高は前期比一八・四％減の三四一六億四〇〇〇万円、経常利益は前期比四六・九％減の五四七億七〇〇〇万円であり、株式上場以来初の減収・減益決算となる。ユニクロブームの反動と新鮮味のある新商品の投入が出来なかった結果ととらえる。店舗に関しては、既存店舗のスクラップアンドビルドによる店舗の大型化を進めた結果、直営店五五八店舗、FC店一二店舗となる。

二〇〇二年九月　食品事業子会社である株式会社エフアール・フーズを設立（二〇〇二年一一月よりSKIPブランドでインターネット販売と会員制販売を開始）。

二〇〇二年九月　国外出店二ヶ国目になる上海ユニクロ店二店舗を開店。

二〇〇二年一一月　代表取締役会長兼CEOに柳井正、代表取締役社長兼COOに玉塚元一が就任。

二〇〇三年六月　東京本部を大田区蒲田（ニッセイアロマスクエア）に移転。

文庫版あとがき

本書は、二〇〇三年十一月に世に出た単行本『一勝九敗』の文庫版である。執筆当初は、一九八四年六月にユニクロ一号店をオープンしてから二十年が経ち、会社にとってもぼくの経営者人生にとっても大きな転換点にあり、会社経営の原点である経営理念や方針をきちっとしたかたちで書き留めておくことに意味がある時期だと思った。それから二年以上経過し、ユニクロおよびその持ち株会社となったファーストリテイリングは、その当時とまた違った変貌（へんぼう）と進化をとげている。今現在は、実行に実行を重ねている真っ最中であり、振り返って評価をする時期でもないのでそのことを単行本に加筆増補しない。いずれ機会があれば、と考えている。

とはいえ、単行本出版時からすでに二年数ヶ月が経っているので、毎年の標語に関するエピソードとその間に何を実行してきたかを述べて、文庫へのあとがきとしよう。

ぼくは毎年一月一日、全社員に向けて日ごろの勤務への感謝と新年の抱負を文書化し、日付が変わる時刻に合わせメールしてきた。そのなかで、今年の最重要な行動指針である標語を示すことにしている。最近三年間のそれはこうだ。

二〇〇四年「自己革新」
二〇〇五年「第二創業 即断・即決・即実行」
二〇〇六年「世界一の実現 現場・現物・現実」

二〇〇四年の「自己革新」は、経営理念の第二十条に示した「自分が自分に対して最大の批判者になり、自分の行動と姿勢を改革する自己革新力のある経営」を重視してほしいと考え取り上げた。事業が世の中で受け入れられるか否かは、社会の大きな流れと環境に合わせて自分自身・自社自身を変えられるかどうかだ。企業は経営する人の意思で変えられるし、変えられた企業のみが生き残る。世の中の変化、つまり市場の変化は常に暴力的だ。そこでは自分や自社の都合は一切許されない。そこで自己革新を続ける必要がある、と説いた。

二〇〇五年の「第二創業 即断・即決・即実行」は、全国的なユニクロブームの反動からようやく正常な状況に戻った時期に、再度、ユニクロ一号店オープン時の原点に立ち返り、優良企業の条件である「即断・即決・即実行」を重視してほしいとの願いに基づいている。新しい事業を起こそうとすると、安定巡航時の十倍以上のエネルギーが必要である。「良い会社は成長し続け、高収益を上げ続けて当然」との考えのもと、あらゆる問題に対し自身の問題として素早く痛切に感じ、そのうえで即断、即決、即実行をすべきだ。それも、経営幹部ほど創業時のような高いエネルギーを持ち続けてほしい、と説いた。

二〇〇六年の標語は「**世界一の実現　現場・現物・現実**」とした。これは、世界一のユニクロおよびファーストリテイリング（速い小売）を実現するためには、全社員のすべての仕事は現場・現物・現実から始まり、終結点に至るまで同様に現場・現物・現実を直視して仕事をするべきだということである。毎日の商売のなかで常に現場・現物・現実を見据え、自らの願望や思惑を交えず、お客様や市場を誰よりも熟知し、理想と志を高く持って、革新的な方法と最速のスピードで誰よりも速く駆け抜けないと世界一にはなれない。ビジネスの世界では、「速く駆け抜ける」は「生き抜く」と同義語である。本文でも触れたが、会社経営において、会社も個人も成長しなければ死んだも同然なのだ。

元々われわれの仕事のすべては、お客様のために存在している。お客様が買物し満足されてこの店、この商品、この販売員、この会社が世界一だ、何度でも買いに来たいと思われることが全社員の究極の目的でなければならない。そうでなければ商売をやる意味がないと考えている。

さて次は、二年数ヶ月の間に何を実行してきたか。

日米で「セオリー」ブランドを展開するリンク・セオリー・ホールディングス社に資本参加（その後、同社は東証マザーズに上場した）、ナショナルスタンダード社を子会社化、ユニクロ店初の五百坪レベルの大型店として心斎橋筋店をオープン、米国に子会社を設立しユニクロ事業をスタート、韓国ロッテショッピング社との間で合弁会社を設立し韓国でユニクロ事業をスタート、米国にユニクロデザインスタジオ社およびR&Dセンターを発足、靴小売業ワンゾーン社の全株式を取得し子会社化、香港で子会社を設立しユニクロ事業をスタート、イタリアのアスペジ社等との合弁契約に基づきアスペジ・ジャパン社を子会社化、フランスを中心に欧州で「コントワー・デ・コトニエ」ブランドを展開するネルソンフィナンス社および「プリンセス タム・タム」ブランドを展開するプティヴィクル社を子会社化、ユニクロ銀座店をオープン、ファーストリテイリング社を持ち株会社化しユニクロ等の各事業会社を子会社とする新経営体制をとった。そのほか、超大型店や専門小売店の業態開発、女性が継続的に働きやすい職場環境作り、高い倫理観を持ったよりよき企業になるためにCSR（企業の社会的責任）体制強化プロジェクトなどを始動させた。

いろんなことをやってきたようだが、「二〇一〇年八月期グループ売上高一兆円、経常利益千五百億円」に到達するには、まだまだだ。世界的な流通業の潮流＝乱世のなかで、グローバル企業としてやっていけるだけの足がかりが少しだけ見えてきたにすぎない。

経営とは、汲んでも尽きない目標と課題の井戸のようである。矛盾だらけの経営課題を手探りで、ほうぼうにぶつかりながら解決していき目標に近づく。目標をクリアーしかけると、また次の目標が見えてくる。ぼくも人間なので限りはあるだろうが、ここ数年は高い志を持つ仲間たちとともに経営に邁進していきたいと考えている。

手ごろな価格と体裁でますますカジュアルになるだろう本書の文庫化で、数多くの方々に読んでいただけたら望外の喜びである。

二〇〇六年一月

柳井　正

この作品は平成十五年十一月新潮社より刊行された。

塩野七生著

ローマ人の物語 1・2
ローマは一日にして成らず（上・下）

なぜかくも壮大な帝国をローマ人だけが築くことができたのか。一千年にわたる古代ローマ興亡の物語、ついに文庫刊行開始！

塩野七生著

ローマ人の物語 3・4・5
ハンニバル戦記（上・中・下）

ローマとカルタゴが地中海の覇権を賭けて争ったポエニ戦役を、ハンニバルとスキピオという稀代の名将二人の対決を中心に描く。

塩野七生著

ローマ人の物語 6・7
勝者の混迷（上・下）

ローマは地中海の覇者となるも、「内なる敵」を抱え混迷していた。秩序を再建すべく、全力を賭して改革断行に挑んだ男たちの苦闘。

塩野七生著

ローマ人の物語 8・9・10
ユリウス・カエサル
ルビコン以前（上・中・下）

「ローマが生んだ唯一の創造的天才」は、大改革を断行し壮大なる世界帝国の礎を築く。その生い立ちから、〝ルビコンを渡る〟まで。

塩野七生著

ローマ人の物語 11・12・13
ユリウス・カエサル
ルビコン以後（上・中・下）

ルビコンを渡ったカエサルは、わずか五年であらゆる改革を断行。帝国の礎を築き、強大な権力を手にした直後、暗殺の刃に倒れた。

塩野七生著

ローマ人の物語 14・15・16
パクス・ロマーナ（上・中・下）

「共和政」を廃止せずに帝政を築き上げる——それは初代皇帝アウグストゥスの「戦い」であった。いよいよローマは帝政期に。

杉浦日向子著

江戸アルキ帖

日曜の昼下がり、のんびり江戸の町を歩いてみませんか――カラー・イラスト一二七点とエッセイで案内する決定版江戸ガイドブック。

杉浦日向子著

風流江戸雀

どこか懐かしい江戸庶民の情緒と人情を、「柳多留」などの古川柳を題材にして、現代の浮世絵師・杉浦日向子が愛情を込めて描く。

杉浦日向子著

百物語

江戸の時代に生きた魑魅魍魎たちと人間の、滑稽でいとおしい姿。懐かしき恐怖を怪異譚集の形をかりて漫画で描いたあやかしの物語。

杉浦日向子著

大江戸美味草紙（むまそうぞうし）

初鰹のイキな食し方、「どじょう」と「どぜう」のちがいなどなど、お江戸のいろはと江戸っ子の食生活がよくわかる読んでオイシイ本。

杉浦日向子著

隠居の日向ぼっこ

江戸から昭和の暮しを彩った道具たち。懐かしい日々をいつくしんで綴る「もの」がたり。挿画60点、江戸の達人の遺した名エッセイ。

杉浦日向子著

一日江戸人

遊び友だちに持つなら江戸人がサイコー。試しに「一日江戸人」になってみようというヒナコ流江戸指南。著者自筆イラストも満載。

須川邦彦著
無人島に生きる十六人
大嵐で帆船が難破し、僕らは太平洋上のちっちゃな島に流れ着いた！『十五少年漂流記』に勝る、日本男児の実録感動痛快冒険記。

多田富雄
南伸坊著
免疫学個人授業
ジェンナーの種痘からエイズ治療など最先端の研究まで――いま話題の免疫学をやさしく楽しく勉強できる、人気シリーズ第2弾！

森達也著
下山事件（シモヤマ・ケース）
気鋭の映像作家が、1949年国鉄総裁轢死の怪事件の真相を追う。解かれぬ謎に迫り現在の日米関係にもつながるその真実を探る！

森達也著
東京番外地
皇居、歌舞伎町、小菅――街の底に沈んだ聖域へ踏み込んだ、裏東京ルポルタージュ。文庫書き下ろし「東京ディズニーランド」収録。

仲村清司著
沖縄学
―ウチナーンチュ丸裸―
「モアイ」と聞いて石像を思い浮かべるのはヤマトンチュ。では沖縄人にとってはなに？大阪生れの二世による抱腹絶倒のウチナー論。

日高敏隆著
春の数えかた
日本エッセイストクラブ賞受賞
生き物はどうやって春を知るのだろう。虫たちは三寒四温を計算して春を待っている。著名な動物行動学者の、発見に充ちたエッセイ。

河合隼雄著

働きざかりの心理学

「働くこと＝生きること」働く人であれば誰しもが直面する人生の〝見えざる危機〟を心身両面から分析。繰り返し読みたい心のカルテ。

河合隼雄著

こころの処方箋

「耐える」だけが精神力ではない、「理解ある親」をもつ子はたまらない――など、疲弊した心に、真の勇気を起こし秘策を生みだす55章。

河合隼雄ほか著

こころの声を聴く
―河合隼雄対話集―

山田太一、安部公房、谷川俊太郎、白洲正子、沢村貞子、遠藤周作、多田富雄、富岡多恵子、村上春樹、毛利子来氏との著書をめぐる対話集。

河合隼雄著

猫だましい

心の専門家カワイ先生は実は猫が大好き。古今東西の猫本の中から、オススメにゃんこを選んで、お話しいただきました。

河合隼雄
村上春樹著

村上春樹、河合隼雄に会いにいく

アメリカ体験や家族問題、オウム事件と阪神大震災の衝撃などを深く論じながら、ポジティブな新しい生き方を探る長編対談。

河合隼雄
吉本ばなな著

なるほどの対話

個性的な二人のホンネはとてつもなく面白く、ふかい！　対話の達人と言葉の名手が、自分のこと、若者のこと、仕事のことを語り尽す。

田口ランディ著
モザイク
逃げだした少年を求めて、渋谷の街をさまよう「移送屋」ミミは、「救世主救済委員会」と出会う……妄想と現実の間の鮮烈な世界を描く。

北村　薫著
おーなり由子絵
月の砂漠をさばさばと
9歳のさきちゃんと作家のお母さんのすごす、宝物のような日常の時々。やさしく美しい文章とイラストで贈る、12のいとしい物語。

北村　薫著
語り女たち
微熱をはらむ女たちの声に聴き入るうちに、からだごと、異空間へ運ばれてしまう17話。独自の物語世界へいざなう彩り豊かな短編集。

北村　薫著
ターン
29歳の版画家真希は、夏の日の交通事故の瞬間を境に、同じ日をたった一人で、延々繰り返す。ターン。ターン。私はずっとこのまま？

北村　薫著
リセット
昭和二十年、神戸。ひかれあう16歳の真澄と修一は、再会翌日無情な運命に引き裂かれる。巡り合う二つの《時》。想いは時を超えるのか。

北村　薫著
スキップ
目覚めた時、17歳の一ノ瀬真理子は、25年を飛んで、42歳の桜木真理子になっていた。人生の時間の謎に果敢に挑む、強く輝く心を描く。

新潮文庫編　文豪ナビ　夏目漱石

先生ったら、超弩級のロマンティストだったのね――現代の感性で文豪の作品に新たな光を当てる、驚きと発見に満ちた新シリーズ。

新潮文庫編　文豪ナビ　谷崎潤一郎

妖しい心を呼びさます、アブナい愛の魔術師――現代の感性で文豪作品に新たな光を当てた、驚きと発見がいっぱいの読書ガイド。

新潮文庫編　文豪ナビ　三島由紀夫

時代が後から追いかけた。そうか！　早すぎたんだ――現代の感性で文豪の作品に新たな光を当てる、驚きと発見に満ちた新シリーズ。

新潮文庫編　文豪ナビ　芥川龍之介

カリスマシェフは、短編料理でショーブする――現代の感性で文豪の作品に新たな光を当てる、驚きと発見に満ちた新シリーズ。

新潮文庫編　文豪ナビ　太宰治

ナイフを持つまえに、ダザイを読め!!　現代の感性で文豪の作品に新たな光を当てた、驚きと発見が一杯の新読書ガイド。全7冊。

新潮文庫編　文豪ナビ　山本周五郎

乾いた心もしっとり。涙と笑いのツボ押し名人――現代の感性で文豪作品に新たな光を当てた、驚きと発見がいっぱいの読書ガイド。